essentials

Essentials liefern aktuelles Wissen in konzentrierter Form. Die Essenz dessen, worauf es als „State-of-the-Art" in der gegenwärtigen Fachdiskussion oder in der Praxis ankommt. Essentials informieren schnell, unkompliziert und verständlich

- als Einführung in ein aktuelles Thema aus Ihrem Fachgebiet
- als Einstieg in ein für Sie noch unbekanntes Themenfeld
- als Einblick, um zum Thema mitreden zu können.

Die Bücher in elektronischer und gedruckter Form bringen das Expertenwissen von Springer-Fachautoren kompakt zur Darstellung. Sie sind besonders für die Nutzung als eBook auf Tablet-PCs, eBook-Readern und Smartphones geeignet.

Essentials: Wissensbausteine aus Wirtschaft und Gesellschaft, Medizin, Psychologie und Gesundheitsberufen, Technik und Naturwissenschaften. Von renommierten Autoren der Verlagsmarken Springer Gabler, Springer VS, Springer Medizin, Springer Spektrum, Springer Vieweg und Springer Psychologie.

Weitere Bände in dieser Reihe
http://www.springer.com/series/13088

Kai Weinrich

Nachhaltigkeitsorientierte Unternehmensführung

Employer Branding als Ansatz zur Gewinnung geeigneter Mitarbeiter

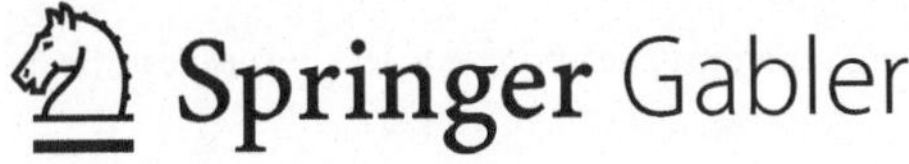

Dr. rer. oec. Kai Weinrich
Leipzig
Deutschland

ISSN 2197-6708 ISSN 2197-6716 (electronic)
essentials
ISBN 978-3-658-08362-5 ISBN 978-3-658-08363-2 (eBook)
DOI 10.1007/978-3-658-08363-2

Die Deutsche Nationalbibliothek verzeichnet diese Publikation in der Deutschen Nationalbibliografie; detaillierte bibliografische Daten sind im Internet über http://dnb.d-nb.de abrufbar.

Springer Gabler

Gedruckt auf säurefreiem und chlorfrei gebleichtem Papier

Springer Fachmedien Wiesbaden ist Teil der Fachverlagsgruppe Springer Science+Business Media
(www.springer.com)

Vorwort

Dieses Essential basiert auf Auszügen aus dem Buch „Nachhaltigkeit im Employer Branding“ von Kai Weinrich (Springer Gabler, 2014). Für die Veröffentlichung in der Reihe Essentials wurde der Text aktualisiert, überarbeitet und erweitert.

Was Sie in diesem Essential finden können

- Einen kurzen Überblick über den Verlauf der modernen Nachhaltigkeitsdiskussion
- Eine Beschreibung der Umstände, die eine nachhaltigkeitsorientierte Unternehmensführung in vielen Bereichen notwendig machen
- Eine Diskussion zur herausragenden Bedeutung geeigneter Mitarbeiter für den strategischen Wandel, speziell im Bereich Nachhaltigkeit
- Hinweise für die Unternehmenspraxis, wie ein zielgerichtetes Employer Branding zur Gewinnung von Nachhaltigkeitstalenten gestaltet werden sollte

Inhaltsverzeichnis

1 Einleitung

Der Nachhaltigkeitsbegriff ist in der Unternehmenspraxis seit einigen Jahren in aller Munde, derzeit scheint es kaum Unternehmen zu geben, die sich nicht mit Fragen der nachhaltigen Unternehmensführung befassen. Dies erscheint durchaus folgerichtig, wird Unternehmen schließlich schon seit Beginn der modernen Nachhaltigkeitsdiskussion in den 1970er Jahren von Seiten zahlreicher Anspruchsgruppen eine zentrale Verantwortung für eine nachhaltige Entwicklung zugeschrieben. Der Druck auf Unternehmen und deren Führung, dieser Verantwortung in geeigneter Form gerecht zu werden und Nachhaltigkeit im Rahmen der Unternehmensstrategie zu berücksichtigen, hat in den vergangenen Jahren stetig zugenommen und viele Führungskräfte haben hierauf entsprechend reagiert.

Doch auch wenn das Top-Management vielfach die Bedeutung nachhaltiger Themenstellungen erkennt und zur Umsetzung einer Nachhaltigkeitsstrategie bereit ist, ohne die Überzeugung der Mitarbeiter in der Organisation, insbesondere auf der mittleren und höheren Führungsebene, kann ein strategischer Wandel nur schwer gelingen. Für Unternehmen, die eine stärkere Orientierung am Nachhaltigkeitsleitbild anstreben, gilt es daher, Mitarbeiter zu identifizieren und für das Unternehmen zu gewinnen, die aufgrund ihrer persönlichen Werthaltung die Umsetzung einer nachhaltigkeitsorientierten Strategie mittragen und als sogenannte „Change Agents“ in der Organisation wirken. Mit dem Employer Branding, der strategischen Führung der Arbeitgebermarke, hat sich hierfür in der Marketingforschung ein geeigneter Ansatz für die Unternehmensführung etabliert.

K. Weinrich, *Nachhaltigkeitsorientierte Unternehmensführung,* essentials,
DOI 10.1007/978-3-658-08363-2_1

Überblick über die moderne Nachhaltigkeitsdiskussion 2

„Let me highlight the one resource that is scarcest of all: Time. We are running out of time. Time to tackle climate change. Time to ensure sustainable, climate-resilient green growth. Time to generate a clean energy revolution." (Ki-Moon (2011), vgl. hierzu UN News Service (2011)).*Ban Ki-moon*

Als im Jahr 1972 unter dem Titel „***The Limits to Growth***" der erste Bericht an den Club of Rome[1] veröffentlicht wurde, wurde die breite Öffentlichkeit erstmals mit den möglichen Folgen einer unnachhaltigen Lebensweise

[1] Beim 1968 gegründeten Club of Rome handelt es sich um einen globalen Think Tank. Durch die Besetzung mit international renommierten Politikern, Wissenschaftlern, Ökonomen und weiteren Personen des öffentlichen Lebens soll der globale Gedankenaustausch zu drängenden politischen Themen betrieben werden. Vgl. Eckelmann (2006), S. 20.

K. Weinrich, *Nachhaltigkeitsorientierte Unternehmensführung,* essentials,
DOI 10.1007/978-3-658-08363-2_2

konfrontiert.[2] Obwohl der Begriff der **Nachhaltigkeit** zu diesem Zeitpunkt bereits auf eine lange Geschichte zurückblicken konnte, hatte das Konzept bis zum Beginn der 1970er Jahre kaum eine bedeutsame Wahrnehmung erfahren.[3] Stattdessen waren die vorherrschende Wirtschafts- und Lebensweise noch immer maßgeblich vom Eindruck einer vermeintlich unbegrenzten Verfügbarkeit von Ressourcen geprägt.[4] Die Autoren der Studie *„The Limits to Growth*", in erster Linie *Dennis* und *Donella Meadows*, hatten mithilfe von Computersimulationen verschiedene Szenarien zur Zukunft der Weltwirtschaft und zu möglichen Konsequenzen des menschlichen Einflusses auf das globale ökologische System berechnet. Die Szenarien zeigten, dass eine Fortschreibung des damaligen Wachstumspfads, insbesondere bezüglich Faktoren wie Bevölkerungswachstum, Ausbeutung von natürlichen Rohstoffen oder Zerstörung der natürlichen Umwelt, unweigerlich zu einem **Zusammenbruch des globalen Systems** vor Ablauf des 21. Jahrhunderts führen würde, der sich in einem raschen und unaufhaltbaren Absinken der Weltbevölkerung, einer weitgehenden Deindustrialisierung sowie drastischen Einschnitten in bis dahin übliche Lebensweisen manifestieren würde (vgl. Abb. 2.1).[5]

[2] Vgl. Möller (2003), S. 19; Hauff und Kleine (2009), S. 4 f.; Brugger (2010), S. 13 ff. Obwohl der Anfang der 1970er Jahre und insbesondere die Veröffentlichung des Berichts „The Limits to Growth" gemeinhin als Ausgangspunkt der modernen Nachhaltigkeitsdebatte angesehen werden, können Naturvölker als Begründer des Konzepts angesehen werden, die bereits vor Tausenden von Jahren bestrebt waren, im Einklang mit der Natur zu leben und das Ökosystem nicht durch Ausbeutung zu überfordern. Vgl. Feiler und Zöbl (2003), S. 33 ff. Nach Brugger findet sich die Idee der Nachhaltigkeit zum ersten Mal explizit im Jahre 1144 in der Forstverordnung des Klosters Mauermünster im Elsass und fand im 18. Jahrhundert Einzug in die deutsche Forstwirtschaft. Vgl. Brugger (2010), S. 13 f. Auch wenn der Bericht „The Limits to Growth" die erste Veröffentlichung zur modernen Nachhaltigkeitsdiskussion war, die auch international auf großes Interesse stieß, gab es bereits in den 1960er Jahren Autoren wie Kenneth Boulding, John Galbraith oder Edward Mishan, die auf wachsende Umweltprobleme aufmerksam machten. Vgl. Hauff und Kleine (2009), S. 4; Brugger (2010), S. 63 f. Zudem weisen Winn und Kirchgeorg darauf hin, dass in den 1960er und 1970er Jahren insbesondere Veröffentlichungen zu Umweltkatastrophen wie der Santa-Barbara-Ölpest im Jahr 1969, dem Giftmüllskandal in Niagara Falls ab Mitte der 1970er Jahre oder dem Chemieunfall in Seveso im Jahr 1976 die Öffentlichkeit zunehmend für das Thema Umweltschutz und industrielle Schäden sensibilisierten. Vgl. Winn und Kirchgeorg (2005), S. 235.

[3] Zu der Aufmerksamkeit trug zusätzlich bei, dass im Jahr 1972 ebenfalls die UN-Weltkonferenz über die menschliche Umwelt in Stockholm stattfand, die erste UN-Weltkonferenz zur Umweltthematik überhaupt. Vgl. Brühl (2003), S. 84 ff.

[4] Vgl. Brugger (2010), S. 14.

[5] Vgl. Meadows et al. (2005), S. x f.; Hauff und Kleine (2009), S. 4 f.

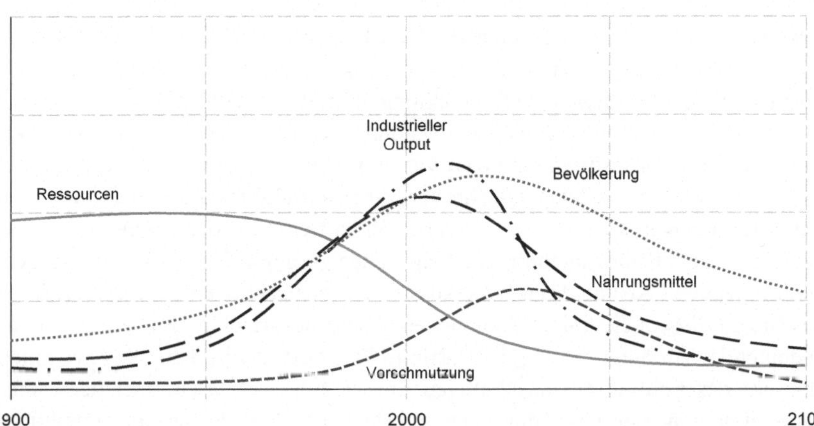

Abb. 2.1 Szenario der „Limits to Growth" mit Fortschreibung des bisherigen Wachstumspfads. (Quelle: Eigene Darstellung, in enger Anlehnung an Meadows et al. (2005), S. 169. (Bei dem hier gezeigten Szenario handelt es sich um eine aktualisierte Simulation der Autoren aus dem Jahr 2005. Dieser liegt die Annahme zugrunde, dass sich das Wachstum ohne gravierende Eingriffe fortsetzt, bis es zu einem Ende des Wachstums kommt, da nicht-erneuerbare Ressourcen zunehmend unzugänglich werden. Schließlich kann das wirtschaftliche System nicht mehr aufrechterhalten werden, der industrielle Output bricht ein, in der Folge sinken auch die Lebenserwartung, das Wohlstandsniveau und die Bevölkerungszahl dramatisch. Vgl. Meadows et al. (2005), S. 167 ff.))

► Trotz der Vielzahl existierender Definitionsansätze des Nachhaltigkeitsbegriffs wird zum Zweck einer einheitlichen Argumentationsgrundlage von einer Vielzahl von Autoren noch immer auf die derzeit wohl bekannteste und verbreitetste Definition aus dem sog. Brundtland-Bericht der World Commission on Environment and Development (WCED) von 1987 rekurriert: „Sustainable development is development that meets the needs of the present without compromising the ability of future generations to meet their own needs."[6]

[6] The Conference of Non-Governmental Organizations in Consultative Relationship with the United Nations (CoNGO) (1987). Bei der hier dargestellten Definition handelt es sich um die in der Literatur verbreitete verkürzte Definition der WCED. Vgl. Hermelink (2008), S. 15. Die vollständige Definition findet sich in Abschn. B 1.1. Trotz Versuchen, eine Unterscheidung zwischen den Begriffen „Nachhaltigkeit" und „nachhaltige Entwicklung" vorzunehmen, werden diese in der deutschen Literatur weitgehend synonym verwendet. Da bislang in der Diskussion keine ausreichende Trennschärfe erreicht wurde, werden die Begriffe auch in dieser Arbeit weitgehend synonym verwendet. Vgl. Otto (2007), S. 37 ff. Mit der hier gewählten Nachhaltigkeitsdefinition wird der Begriff explizit vom Konzept der Corporate Social Responsibility (CSR) abgegrenzt, obwohl sich im Unternehmenskontext je nach Autor mehr oder weniger Überschneidungen zwischen den Konzepten ergeben. Zur Abgren-

Eckelmann bemerkt dazu, dass der 1972 erschienene Bericht „die Endlosigkeit der globalen Ressourcen sowie die Paradigmen des grenzenlosen technischen Optimismus und der nachholenden Entwicklung in Frage gestellt [habe].“[7] Die aus den „*Limits to Growth*“ abgeleiteten notwendigen Konsequenzen sahen eine **Rückführung der Wachstumstendenzen** vor, um so einen dauerhaften ökologischen und wirtschaftlichen Gleichgewichtszustand zu ermöglichen und die materiellen Lebensgrundlagen aller Menschen zu bewahren.[8] Obwohl der Studie immer wieder konzeptionelle und methodische Schwächen vorgeworfen wurden, führte sie in den Folgejahren zu einer breiten Diskussion der menschlichen Lebensweise sowie des bis zu diesem Zeitpunkt dominanten Wachstumsmodells. Zudem gilt sie als bedeutender Vorläufer des sog. **Brundtland-Berichts**, der im Jahr 1987 zwar nicht erstmals das Leitbild der nachhaltigen Entwicklung beschrieb, aber doch international popularisierte, und durch den die Nachhaltigkeitsdiskussion vermehrt auf die Agenda der internationalen Politik gehoben wurde.[9] Trotz dieser und anderer Fortschritte werden die 1980er Jahre oft als „verlorenes Jahrzehnt“ angesehen, da durch Entwicklungen wie den Kalten Krieg oder die wachsende Überschuldung der Entwicklungsländer kaum wesentliche Erfolge auf dem Weg zu einer nachhaltigen Entwicklung zu verzeichnen waren.[10]

Dass dies auch von einem zunehmenden Teil der Öffentlichkeit erkannt wurde, zeigt bspw. die im Jahr 1992 veröffentlichte „*World Scientists' Warning to Humanity*“, eine von über 1.700 führenden Wissenschaftlern veröffentlichte Warnung an

zung der Begriffe vgl. z. B. Hermann (2005), S. 74 ff.; Schaltegger et al. (2007), S. 93 f.; Leitschuh (2008), S. 45 ff.; Blickle (2009); Kleine und Hauff (2009), S. 519 f.; Horrigan (2010), S. 34 ff.; Burckhardt (2011), S. 13 ff.; Duong Dinh (2011), S. 18 ff.

[7] Eckelmann (2006), S. 20.

[8] Vgl. Urbaniec und Kramer (2003), S. 66; Hermann (2005), S. 63.

[9] Vgl. Eckelmann (2006), S. 21; Brugger (2010), S. 13 ff. Als Brundtland-Bericht wird der 1987 erschienene Abschlussbericht „Our Common Future“ der 1983 von den Vereinten Nationen eingesetzten World Commission on Environment and Development (WCED) bezeichnet. Ziel der Sachverständigenkommission unter Vorsitz der Norwegerin Gro Harlem Brundtland war die Erstellung eines Perspektivberichts zu einer langfristig tragfähigen und umweltschonenden globalen Entwicklung bis zum Jahr 2000 und darüber hinaus. Besondere Bedeutung erlangte der Abschlussbericht, da in diesem ein Leitbild einer „nachhaltigen Entwicklung“ konzipiert wurde, das bis heute die am weitesten verbreitete und bekannteste Begriffsdefinition darstellt. Vgl. Hinrichsen (1987); Eckelmann (2006), S. 20 f.; Hauff und Kleine (2009), S. 6 f. 1992 wurde das Leitbild in ähnlicher Formulierung als Grundsatz 3 der Rio-Erklärung der Konferenz der Vereinten Nationen über Umwelt und Entwicklung (UNCED) erstmals international anerkannt; vgl. Sachverständigenrat für Umweltfragen (2011), S. 26.

[10] Vgl. Wissenschaftlicher Beirat der Bundesregierung Globale Umweltveränderungen (WBGU) (2005), S. 13.

die Menschheit.[11] In der Einleitung des Aufrufs heißt es: „Human beings and the natural world are on a collision course. Human activities inflict harsh and often irreversible damage on the environment and on critical resources. If not checked, many of our current practices put at serious risk the future that we wish for human society and the plant and animal kingdoms, and may so alter the living world that it will be unable to sustain life in the manner that we know. Fundamental changes are urgent if we are to avoid the collision our present course will bring about."[12] Trotz der häufig geäußerten Kritik an mangelnden Ergebnissen zeigte sich, dass im Laufe der 1980er und 1990er Jahre vor allem die **Aufmerksamkeit der Öffentlichkeit** gegenüber der Nachhaltigkeitsdiskussion bzw. damit verbundenen Themen wie dem Umweltschutz oder der Entwicklung in der Dritten Welt deutlich zunahm.[13]

Eine Empfehlung des 1987 vorgelegten Brundtland-Berichts sah vor, dass die Weltgemeinschaft regelmäßige regionale und internationale Folgekonferenzen durchführen sollte, um eine globale Nachhaltigkeitsstrategie zu entwickeln.[14] Zu den bedeutendsten Konferenzen der Folgejahre zählt bis heute die United Nations Conference on Environment and Development (UNCED), der sog. „Erdgipfel", die 1992 in Rio de Janeiro stattfand.[15] Auf der Rio-Konferenz verpflichteten sich mehr als 100 Staats- und Regierungschefs auf das Leitbild einer nachhaltigen Entwicklung, zudem wurden weitere Dokumente verabschiedet, mit denen die Umsetzung des gemeinsamen Leitbilds ermöglicht werden sollte.[16] Das Wichtigste von diesen war die sog. Agenda 21, ein umfassendes und globales Aktionsprogramm für die Erreichung einer nachhaltigen Entwicklung, das von 178 Staaten unterzeichnet wurde.[17] In den Jahren nach der Rio-Konferenz kam es zu einer Reihe von Folgekonferenzen[18], auf denen an die Diskussion der nachhaltigen Entwicklung angeknüpft und klare Zielvorgaben bzw. Forderungen entwickelt werden sollten.[19]

[11] Unter den beteiligten Wissenschaftlern befand sich u. a. die Mehrheit aller Nobelpreisträger der Naturwissenschaften. Vgl. Union of Concerned Scientists (Hrsg.) (2012).

[12] Ebenda.

[13] Vgl. Kolleck (2011), S. 55.

[14] Vgl. Brugger (2010), S. 16.

[15] Vgl. Brunold (2004), S. 45 f.

[16] Vgl. Wissenschaftlicher Beirat der Bundesregierung Globale Umweltveränderungen (WBGU) (2005), S. 13, und Brugger (2010), S. 16.

[17] Vgl. Brunold (2004), S. 45 f.; Behrens (2010), S. 27.

[18] Als wichtigste gilt hier der World Summit on Sustainable Development (WSSD) in Johannesburg im Jahr 2002. Diese war der direkte Nachfolgegipfel der Rio-Konferenz und wird daher oft auch als „Rio+10" bezeichnet. Vgl. Najam und Cleveland (2005), S. 126.

[19] Vgl. Hauff und Kleine (2009), S. 1 f.

Die Nachhaltigkeitsdebatte der letzten Jahre hat zu einem zunehmenden Konsens in Wissenschaft, Politik und Wirtschaft geführt, dass Nachhaltigkeit auf drei zentralen Elementen beruht, nämlich Ökologie, Ökonomie und Sozialem, wobei der relative Stellenwert der drei Dimensionen weiterhin Ausgangspunkt kontroverser Diskussionen ist.[20] Während in der englischsprachigen Literatur i. d. R. von der sog. „Triple Bottom Line" die Rede ist, hat sich im deutschsprachigen Raum vor allem der Begriff des „Drei-Säulen-Modells" durchgesetzt.[21] Gerade an diesem Verständnis der Trias aus Ökologie, Ökonomie und Sozialem wird jedoch immer wieder Kritik geübt, impliziert es doch, dass die drei Dimensionen der Nachhaltigkeit mehr oder minder gleichberechtigt nebeneinander stehen. So weist aber etwa *Kirchgeorg* darauf hin, dass Diskussionen im Bereich des Umweltmanagements bereits gezeigt hätten, dass ein langfristiges Überleben des ökonomischen und sozialen Systems nur gewährleistet sei, wenn die ökologischen Rahmenbedingungen dies zuließen.[22]

Trotz aller Bemühungen fällt die Bilanz der letzten 40 Jahre, seit der Veröffentlichung des „*Limits to Growth*"- Berichts, weitgehend ernüchternd aus. So hat sich angesichts der langsamen Fortschritte des politischen Entscheidungsfindungsprozesses vielfach Enttäuschung breit gemacht, und wichtige Indikatoren für eine nachhaltige Entwicklung, darunter Artenvielfalt, Anteil von Treibhausgasen in der Atmosphäre, Wachstum der Weltbevölkerung, Abbau von Ressourcen und Ausmaß der Umweltzerstörung, weisen darauf hin, dass sich die Menschheit **noch weiter von einem ökologischen und wirtschaftlichen Gleichgewichtszustand entfernt hat.**[23] In einem 30-Jahres-Update ihrer ersten Studie „*The Limits to Growth*" veröffentlichten Meadows et al. bereits im Jahr 2004 ihre kritische Einschätzung zur Entwicklung der Nachhaltigkeitsdiskussion: „Consequently, we are much more pessimistic about the global future than we were 1972. It is a sad fact that humanity has largely squandered the past 30 years in futile debates and well-intentioned, but halfhearted, responses to the global ecological challenge. We do not have another

[20] Vgl. Haugh und Talwar (2010), S. 385.

[21] Vgl. Hermann (2005), S. 17 f.

[22] Vgl. Kirchgeorg (2004), S. 648. In ähnlicher Form wird dies z. B. auch vom Sachverständigenrat für Umweltfragen, einem Beratungsgremium der deutschen Bundesregierung, beurteilt. So schreibt er in einem Gutachten aus dem Jahr 2011: „Das traditionelle Zieldreieck der Nachhaltigkeit berücksichtigt den übergeordneten Charakter des ökologischen Rahmens nicht ausreichend, da es die gleichberechtigte Abwägung von ökonomischen, ökologischen und sozialen Zielen vorsieht." Sachverständigenrat für Umweltfragen (2011), S. 27.

[23] Vgl. hierzu u. a. WWF (2010), S. 20; Intergovernmental Panel on Climate Change (2007), S. 30; Sachs (2011), S. 5; Zenghelis (2011), S. 52 f.; Bleda und Shackley (2008), S. 517; Günther et al. (2007); S. 175; World Meteorological Organization (WMO) (2011), S. 1; Ekardt (2011), S. 21 ff.; Intergovernmental Panel on Climate Change (2011), S. 5 f.; Fräss-Ehrfeld (2009), S. 12 f.; World Business Council for Sustainable Development (Februar 2010), S. 2; La Torre Ugarte und Hellwinckel (2011), S. 46; Bachmann (2011), S. 68; Waldmann (2004), S. 106 ff.

30 years to dither. Much will have to change if the ongoing overshoot is not to be followed by a collapse during the twenty-first century."[24]

Im Mai 2012 wurde vom *Club of Rome* mit dem Bericht „2052: A Global Forecast for the Next Forty Years" eine aktuelle Studie zur nachhaltigen Entwicklung veröffentlicht, um die Themen der „*Limits to Growth*" erneut aufzugreifen. Die Autoren des Berichts sehen die in der Studie „*The Limits to Growth*" prognostizierten Wachstumstrends weitgehend bestätigt und führen die drohenden Probleme der Zukunft wesentlich auf die weiterhin zu konstatierende Kurzsichtigkeit des herrschenden politischen und ökonomischen Systems zurück. Jørgen Randers, der Hauptautor der Studie, konstatiert: „We need a system of governance that takes a more long-term view [...]. It is unlikely that governments will pass necessary regulation to force the markets to allocate more money into climate friendly solutions, and must not assume that markets will work for the benefit of humankind."[25]

---

[24] Meadows et al. (2005), S. xvi.

[25] The Club of Rome (2012).

Die Verantwortung von Unternehmen für eine nachhaltigkeitsorientierte Unternehmensführung

3

Schon seit Beginn der modernen Nachhaltigkeitsdebatte standen **Unternehmen**, insbesondere aufgrund ihrer Verantwortung für z. B. Umweltverschmutzung, schlechte Arbeitsbedingungen an Standorten in der Dritten Welt und die Verursachung spektakulärer Naturkatastrophen, im Zentrum der öffentlichen Kritik.[1] Neben diesen primär von den Unternehmen selbst verschuldeten Ursachen für eine zunehmend argwöhnische Öffentlichkeit wird in der Literatur zudem u. a. auf die Entwicklung moderner Kommunikationsmöglichkeiten[2], die eine Berichterstattung über globale Unternehmenspraktiken vereinfacht hätten, sowie eine wachsende Dominanz neoliberaler Paradigmen seit den 1980er Jahren hingewiesen, deren Folgen von weiten Teilen der Gesellschaft kritisch beurteilt wurden.[3] Auch

[1] Vgl. Kolleck (2011), S. 53 f. Eine systematische Analyse der Treiber einer nachhaltigen Unternehmensführung erfolgt in Kap. B 2.3.

[2] Vgl. Kirchgeorg und Hermann (2006), S. 23. Als einer der wichtigsten Treiber muss in diesem Kontext das rasante Wachstum der sog. Sozialen Medien bzw. Social Media angesehen werden. Diese umfassen hauptsächlich digitale Medien wie Soziale Netzwerke, Instant Messenger oder Weblogs, die einen sozialen Austausch und die Verbreitung von Wissen buchstäblich ohne zeitliche oder räumliche Grenzen ermöglichen. Für eine weitergehende Erläuterung vgl. z. B. Hettler (2010), S. 11 ff., oder Qualman (2011), S. 1 ff.

[3] Vgl. Kolleck (2011), S. 57 f.; Wötzel (2011), S. 25 f. Dabei gingen die neoliberalen Ansätze Anfang der 1980er Jahre zunächst vor allem von den USA und Großbritannien aus, um sich dann in der Politik der meisten (westlichen) Länder niederzuschlagen. Dabei standen insbesondere eine mehr oder weniger starke Deregulierung, d. h. ein Rückzug des Staates auf Kernfunktionen und Privatisierungen, sowie ein Vertrauen auf den Markt als überlegenen Koordinationsmechanismus im Vordergrund. Vgl. Schubert und Bandelow (Hrsg.) (2003), S. 158 f. Kritiker warfen den Vertretern neoliberaler Wirtschaftsströmungen immer wieder

K. Weinrich, *Nachhaltigkeitsorientierte Unternehmensführung,* essentials,
DOI 10.1007/978-3-658-08363-2_3

aufgrund des weitgehenden Scheiterns des politischen Prozesses beim Thema Nachhaltigkeit sehen sich Unternehmen heute einer Öffentlichkeit gegenüber, die sie nachdrücklicher denn je als wichtige gesellschaftlichen Akteure in die Pflicht für eine nachhaltige Verhaltensweise nimmt und deren Einbindung in den „gesellschaftlichen Such- und Lernprozess“[4] fordert.[5] Dies kommt auch in aktuellen Studien des *Bundesministeriums für Umwelt, Naturschutz und Reaktorsicherheit (BMU)* und der Beratungsgesellschaft *Ernst & Young* zum Ausdruck, nach denen es z. B. für **Verbraucher** heutzutage von besonders großer Bedeutung ist, dass Unternehmen ein großes Engagement für die Umwelt und für eine nachhaltige Entwicklung zeigen.[6] Konkrete Forderungen nach einem größeren Nachhaltigkeitsengagement der Unternehmen werden allerdings nicht nur von Seiten der Konsumenten laut, sondern darüber hinaus auch von einer Vielzahl anderer Gruppen wie **Medien, Investoren, Lieferanten, Politik oder Nichtregierungsorganisationen** geäußert.[7] Für Unternehmen wird das Thema Nachhaltigkeit somit mehr und mehr zu einem entscheidenden Wettbewerbsfaktor.[8]

Die Entwicklung der letzten Jahre offenbart, dass der zunehmende gesellschaftliche Druck seine Wirkung offenbar nicht verfehlt und eine wachsende Zahl von Unternehmen ein Interesse zeigt, die **Übernahme gesellschaftlicher Verantwortung** im Sinne eines nachhaltigeren Wirtschafts- und Gesellschaftssystems zu demonstrieren. Bereits im Jahr 2005 identifizierte *Hermann* diesbezüglich einen deutlichen Trend in Form „der stark zunehmenden Veröffentlichung von Nachhaltigkeitsberichten, der Durchführung von Entwicklungsprojekten, der Überwachung von (internationalen) Zulieferern im Hinblick auf Produktionsverfahren und Arbeitsbedingungen u. ä. sowie den entsprechenden Kommunikations- und

vor, eine reine Interessenpolitik für Kapitaleigentümer zu vertreten. Vgl. Rogall (2011), S. 113 ff.

[4] Langer (2011), S. 21.

[5] Vgl. Hermann (2005), S. 4 f.; Clifton und Amran (2011), S. 123 f.; Kolleck (2011), S. 15; Mauritz (2011), S. 109. Clifton und Amran stellen fest, dass insbesondere große, multinationale Unternehmen bzw. Konzerne als Hauptursache ökologischer Probleme auf lokaler, regionaler und globaler Ebene angesehen werden. Vgl. Clifton und Amran (2011), S. 123 f.

[6] Vgl. Bundesministerium für Umwelt, N. u. R./Umweltbundesamt (November 2010), S. 20 f., und Ernst & Young GmbH (Juni 2011), S. 7.

[7] Vgl. Flotow und Kachel (2011), S. 12. So weist etwa Kolleck darauf hin, dass Analysen von Ratingagenturen z. T. auch die Nachhaltigkeit von Unternehmen berücksichtigen. Vgl. Kolleck (2011), S. 53 f.

[8] Vgl. Kirchgeorg und Hermann (2006), S. 23; Mahler und Pfeiffer (2010), S. 60; Bachmann (2011), S. 71.

Dialogmaßnahmen".[9] Diese Entwicklung ist, wesentlich bedingt durch den weiterhin großen Druck zentraler Bezugsgruppen der Unternehmen, bis heute nicht abgerissen, sondern hat sich im Gegenteil eher noch verstärkt, sodass das Thema **Nachhaltigkeit mehr denn je auf die Agenda des internationalen Top-Managements** gerückt ist und in den Unternehmen zunehmend als **wesentliche Voraussetzung für das zukünftige wirtschaftliche Überleben** wahrgenommen wird.

So gaben in einer Studie von *Accenture* und dem *UN Global Compact* aus dem Jahr 2010 93 % der befragten Vorstandsvorsitzenden bzw. Chief Executive Officers (CEOs) an, dass Nachhaltigkeitsthemen eine kritische Rolle für den zukünftigen Erfolg ihres Unternehmens spielen würden.[10] 96 % der befragten Top-Manager zeigten sich zudem überzeugt, dass Nachhaltigkeitsthemen vollständig in die Strategie und das operative Geschäft eines Unternehmens integriert sein sollten. Noch im Jahr 2007 hatte der Anteil der CEOs, die diese Sichtweise äußerten, bei 72 % gelegen.[11] Eine weitere Studie unter deutschen Unternehmen aus dem Jahr 2011 ergab, dass mehr als 90 % der befragten DAX-Unternehmen dem Thema nachhaltige Entwicklung eine hohe Bedeutung für die zukünftige Entwicklung des eigenen Unternehmens beimessen. Im Jahr 2003 hielt nur knapp die Hälfte der DAX-Unternehmen das Thema Nachhaltigkeit für relevant.[12]

Vor diesem Hintergrund stellt sich für Unternehmen die Frage, wie das Ziel einer nachhaltigeren Wirtschaftsweise auf Basis einer stärker nachhaltigkeitsorientierten Unternehmensstrategie am ehesten erreicht werden kann. Diesbezüglich hat sich in Praxis und Wissenschaft weitgehend die Erkenntnis durchgesetzt, dass den **Mitarbeitern** für die Umsetzung einer Unternehmensstrategie und somit das Erreichen der Unternehmensziele eine herausragende Bedeutung zukommt.[13] So stellt etwa *Sponheuer* fest, dass gerade in einer Wissensgesellschaft „die Mitarbeiter das wichtigste Kapital eines Unternehmens [darstellen]", darüber hinaus werde „die Gewinnung und Bindung von Leistungsträgern [...] zu einem zentralen Erfolgsfaktor".[14] Bei der Umsetzung einer neuen Unternehmensstrategie, wie sie etwa aus der erstmaligen oder deutlich stärkeren Integration von Nachhaltigkeitszielen entstehen kann, wird in der Unternehmenspraxis immer wieder irrtümlicherweise angenommen, dass es genüge, wenn eine Strategie von der Unterneh-

---

[9] Hermann (2005), S. 6.

[10] Vgl. Accenture (2010), S. 13.

[11] Vgl. ebenda, S. 14.

[12] Vgl. Flotow und Kachel (2011), S. 9.

[13] Vgl. Senior (2001), S. 155; Meffert et al. (2008), S. 734; Robbins (2008), S. 630; Michel et al. (2010), S. 42.

[14] Sponheuer (2010), S. 7.

mensführung als wünschenswert ausgewählt und verabschiedet werde.[15] Es zeigt sich jedoch, dass Strategien erst dadurch umgesetzt werden, dass Mitarbeiter im Unternehmen tatsächlich nach Maßgabe der verabschiedeten Strategie handeln.[16]

Im Sinne einer neuen Strategie ist es somit entsprechend vorteilhaft und wünschenswert, dass sich die für die Umsetzung der Strategie verantwortlichen Mitarbeiter, die i. d. R. auf der oberen und mittleren Führungsebene zu finden sind, vor dem Hintergrund ihrer Werte und Einstellungen **mit den Inhalten der neuen Strategie identifizieren** können und ihr Handeln darauf ausrichten, diese umzusetzen.[17] Von *Kirchgeorg* wird z. B. hinsichtlich der Bedeutung der einzelnen Führungskräfte für die Umsetzung einer nachhaltigkeitsorientierten Unternehmensstrategie die Rolle der persönlichen Wertvorstellungen der Führungskräfte als Voraussetzung dafür betont, im Arbeitsalltag in verantwortungsvoller Weise **sowohl ökonomische als auch ökologische und soziale Aspekte als Kerndimensionen der Nachhaltigkeit** zu berücksichtigen.[18] Zwar können grundsätzlich auch Schulungen oder speziell ausgerichtete Management-Anreizsysteme geeignet sein, Führungskräfte derart zu motivieren, dass sie sich im Sinne einer vorgegebenen Unternehmensstrategie verhalten.[19] Jedoch wird in der Literatur immer wieder darauf hingewiesen, dass die bewusste Beeinflussung von Mitarbeitern oder einer ganzen Unternehmenskultur, um sie den gewünschten strategischen Veränderungen anzupassen, i. d. R. ein außerordentlich schwieriges, langwieriges und gleichermaßen kostenintensives Unterfangen darstellt.[20] Erschwerend kommt hinzu, dass gerade die sog.

[15] Vgl. Meffert et al. (2008), S. 734; Hungenberg (2011), S. 555.

[16] Vgl. ebenda, S. 333.

[17] Vgl. Meffert et al. (2008), S. 734.

[18] Kirchgeorg (2004), S. 649 f.

[19] Vgl. Brandenberg (2001), S. 17 ff.; Weihe (2003), S. 211; Hungenberg (2011), S. 361. Der Rückgriff auf geeignete Anreizsysteme ist in der Betriebswirtschaftslehre insbesondere aus der Forschung zu sog. Principal-Agent-Beziehungen im Unternehmen bekannt. Vgl. Gundel (2011), S. 26 ff. Für diese Beziehungen ist charakteristisch, dass es zwischen Principal als Auftraggeber und Agent als Auftragnehmer zu Interessenkonflikten hinsichtlich des Verhaltens des Agenten kommt. Das Modell geht davon aus, dass der Principal dem Agent eine Leistung in seinem Namen mit entsprechender Entscheidungsfreiheit überträgt, sodass der Agent einen Informationsvorsprung hat und unbeobachtet seinen Nutzen zu Lasten des Principals erhöhen kann. Ein Anreizsystem stellt eine Möglichkeit für den Principal dar, das Verhalten des Agents in seinem Sinne zu beeinflussen. Vgl. Roiger (2007), S. 1 ff., und Mathissen (2009), S. 17 ff. In der oben dargestellten Konstellation bilden das Top-Management entsprechend den Principal und die obere sowie mittlere Führungsebene den Agent.

[20] Vgl. Senior (2001), S. 164 ff. Ergänzend weist Kirchgeorg darauf hin, dass Anreizsysteme nachhaltigkeitsorientiertes Handeln durchaus fördern könnten. Vgl. Kirchgeorg (2004), S. 661 f. Sponheuer stellt in diesem Zusammenhang fest, dass sich bei der Mitarbeiterrekru-

Wissensarbeiter („Knowledge Workers")[21], deren Bedeutung mit dem Wandel zur Wissensgesellschaft wesentlich zugenommen hat, als besonders resistent gegenüber einer kulturellen Einflussnahme im Unternehmen angesehen werden.[22] Unternehmen, die Nachhaltigkeit als entscheidenden Faktor für das zukünftige Überleben identifiziert haben und ihre Unternehmensstrategie entsprechend anpassen wollen, sollten bei der Suche nach neuen Mitarbeitern folglich eher darauf achten, speziell jene Kandidaten anzusprechen und auszuwählen, die neben der nötigen Qualifikation, Erfahrung und Motivation auch eine Wertorientierung aufweisen, die derjenigen des Unternehmens und seiner Strategie entspricht.[23]

Insbesondere über die Gestaltung ihrer **Employer Brand**[24] bietet sich nachhaltigkeitsorientierten Unternehmen die Möglichkeit, sich speziell jener Zielgruppe innerhalb der potenziellen Mitarbeiter als attraktiver Arbeitgeber zu präsentieren, die hinsichtlich ihrer Wertvorstellungen besonders gut zur neuen strategischen Stoßrichtung der Unternehmensführung passt und nachhaltigkeitsorientierten Grundsätzen eine hohe persönliche Bedeutung beimisst.[25] Diese Mitarbeiter werden in der Literatur auch als „**Nachhaltigkeitstalente**" bezeichnet und können zu den wichtigsten sog. Change Agents bzw. Gestaltern des beabsichtigten strategischen Wandels werden.[26] Um diese Nachhaltigkeitstalente gezielt anzusprechen und an das Unternehmen zu binden, gilt es, das Employer Branding entsprechend stärker an den Anforderungen und Erwartungen der Nachhaltigkeitstalente aus-

tierung der Fokus vieler Unternehmen von einer Suche nach den Besten zu einer Suche nach den „Besten unter den Passenden" verlagert habe. Vgl. Sponheuer (2010), S. 9.

21 Die Definitionen zum Begriff des Wissensarbeiters gehen z. T. weit auseinander und erschweren eine genaue Zuordnung zu dieser Gruppe. Vgl. Meinsen (2003), S. 68 ff., und Green (2004), S. 49 ff. Eine geeignete Definition von Davenport lautet: „Knowledge workers have high degrees of expertise, education, or experience, and the primary purpose of their jobs involves the creation, distribution, or application of knowledge." Davenport (2005), S. 10.

22 Vgl. Senior (2001), S. 164 ff. Von einer Reihe von Autoren wurde in der Vergangenheit zudem immer wieder die Meinung vertreten, dass einer wesentlichen Veränderung der Organisation zunächst eine Veränderung der Einstellungen und Werte der Personen vorausgehen müsse. Für eine Übersicht vgl. ebenda, S. 160 f.

23 Vgl. Kirchgeorg (2004), S. 661 f.; Robbins (2008), S. 106 f.

24 Vgl. u. a. Backhaus und Tikoo (2004), S. 502 ff.; Stotz und Wedel (2009), S. 5 ff.; Stritzke (2009), S. 61 ff.

25 Vgl. Kirchgeorg (2004), S. 649 ff.; Sponheuer (2010), S. 4.

26 Vgl. Kirchgeorg (2004), S. 650; Robbins (2008), S. 662.

zurichten, um sich im Kampf um die begehrten Mitarbeiter gegenüber anderen Arbeitgebern zu differenzieren.[27]

► „Eine Employer Brand ist ein Nutzenbündel mit spezifischen arbeitgeberbezogenen Merkmalen, die dafür sorgen, dass sich dieses Nutzenbündel gegenüber anderen Nutzenbündeln, welche dieselben Basisbedürfnisse erfüllen, aus Sicht der relevan-ten, arbeitgeberspezifischen Zielgruppe maßgeblich und längerfristig differenziert."[28]

„Employer Branding ist der entscheidungsorientierte Managementprozess der identi-tätsbasierten Führung der Arbeitgebermarke. Es umfasst den Prozess der Planung, Koordination und Kontrolle aller Aktivitäten und Gestaltungsparameter der Arbeitge-bermarke sowie die funktionsübergreifende Integration dieses Prozesses in den Ma-nagementprozess der Unternehmensmarkenführung (Corporate Branding)."[29]

► Nachhaltigkeitstalente bezeichnet jene zukünftigen Führungskräfte, „die neben ihrer fachlichen Qualifikation auch durch ihre persönlichen Wertorientierungen den Anforderungen des Nachhaltigkeitsmanagements gerecht werden, d. h. der Ausbalancierung von ökonomischen, ökologischen und sozialen Ansprüchen eine hohe persönliche Bedeutung einräumen."[30]

Das Verhalten solch nachhaltigkeitsbewusster Bewerber gegenüber potenziellen Arbeitgebern ist jedoch bisher kaum Gegenstand der betriebswirtschaftlichen Forschung gewesen. Zwar sind Arbeitgeberwahlentscheidungen und Arbeitgeberattraktivität bereits im Rahmen (verhaltens-)wissenschaftlicher Studien untersucht worden, die Nachhaltigkeitsthematik ist dabei jedoch bisher weitgehend unberücksichtigt geblieben.[31] Vor dem Hintergrund der aktuellen Nachhaltigkeitsdebatte erscheint es somit zielführend, die Forschung zum Employer Branding um den Nachhaltigkeitsaspekt zu erweitern, um speziell Erkenntnisse zum Arbeitgeberwahlverhalten von Nachhaltigkeitstalenten zu gewinnen. Nur auf Basis dieser Erkenntnisse erscheint eine zielgerichtete Gestaltung der Employer Brand möglich,

[27] Vgl. Stritzke (2009), S. 1. Der Terminus „Kampf" scheint die Realität auf dem Arbeitsmarkt in angemessener Form abzubilden, wird doch in der Literatur häufig von einem sog. „War for Talent" um geeignete Fachkräfte gesprochen. Vgl. z. B. Chapman et al. (2005), S. 928; Ritz und Sinelli (2010), S. 3 ff.; Nagel (2011), S. 28.

[28] Weinrich (2013), S. 19.

[29] Ebenda.

[30] Kirchgeorg (2004), S. 650.

[31] Vgl. Stritzke (2009), S. 2; Böttger (2012), S. 39 ff.

um gegenüber dem Wettbewerb um Nachhaltigkeitstalente eine Differenzierung erreichen zu können.

Die Bedeutung geeigneter Mitarbeiter für einen strategischen Wandel im Unternehmen soll im folgenden Kapitel mit Bezug auf Erkenntnisse der Strategieforschung eingehender diskutiert werden.

4 Bedeutung geeigneter Mitarbeiter für die Umsetzung einer nachhaltigen Unternehmensstrategie

In der Literatur wurde in der Vergangenheit immer wieder auf die herausragende **Bedeutung der Mitarbeiter für den Unternehmenserfolg** hingewiesen. Einen wesentlichen Erklärungsansatz für diesen Zusammenhang stellt der **ressourcenorientierte Ansatz** (Resource-Based View (RBV)) dar, der vor allem im Bereich der betriebswirtschaftlichen Strategieforschung Anwendung findet. Gemäß diesem Ansatz stellt die Qualität der im Unternehmen vorhandenen Ressourcen die primäre Quelle eines dauerhaften wirtschaftlichen Erfolgs dar.[1] Während die Strategieforschung seit den 1960er Jahren zunächst vor allem den Einfluss der Branchen- bzw. Marktstruktur auf den Unternehmenserfolg untersucht hatte (der sog. Market-Based View (MBV)), vollzog sich spätestens in den 1980er Jahren ein Paradigmenwechsel, in Folge dessen zunehmend auch die internen, schwer imitierbaren Ressourcen des Unternehmens zur Erklärung des Erfolgs in den Fokus der Forschung rückten.[2] In der Literatur existieren unterschiedliche Kategorisierungen der Ressourcen eines Unternehmens. Eine gängige Einteilung unterscheidet

- tangible Ressourcen (insbesondere Aktivposten, die in der Bilanz erfasst sind),
- intangible Ressourcen (immaterielle Vermögensgegenstände wie Image, Unternehmenskultur oder technologisches Know-how) sowie

[1] Vgl. Bowman und Ambrosini (2000), S. 1; Greening und Turban (2000), S. 256; Bea und Haas (2005), S. 28 ff.; Forster et al. (2009), S. 288 f.

[2] Vgl. Eikelenboom (2005), S. 13 ff., und Herhausen (2011), S. 13. I. d. R. wird postuliert, dass Ressourcen wertvoll, selten, schwer zu imitieren und nicht substituierbar sein sollten, um zu einem dauerhaften Wettbewerbsvorteil zu führen. Vgl. ebenda, S. 13 f.

K. Weinrich, *Nachhaltigkeitsorientierte Unternehmensführung,* essentials,
DOI 10.1007/978-3-658-08363-2_4

- Human-Ressourcen (u. a. Fähigkeiten, Motivation und Know-how der Mitarbeiter).[3]

Zwar unterlag die Gewichtung der verschiedenen Kategorien in der Vergangenheit einem anhaltenden Diskussionsprozess, jedoch ist spätestens mit dem Wandel zur Wissensgesellschaft, in der insbesondere Wissen und Kompetenzen eine entscheidende Rolle spielen, die Bedeutung der Human-Ressourcen relativ zu anderen Ressourcen gewachsen.[4] *Ritz und Sinelli* sehen hierin einen grundlegenden Wandel von Wirtschaft und Wertschöpfung: „Fabrikhallen machen nicht länger den Reichtum von Organisationen aus, sondern das Wissen, die Kreativität und die Lernfähigkeit der Mitarbeitenden."[5] Da die im Unternehmen bestehenden Ressourcen nicht von sich aus produktiv sind, hängt der strategische Erfolg zudem wesentlich von der **geeigneten Kombination und Koordination der Ressourcen** ab. Neben den bereits aufgeführten Ressourcen wird daher immer wieder auch auf die sog. „Organizational Capabilities", d. h. die Führungsfähigkeiten der Mitarbeiter, verwiesen.[6] Für *Sponheuer* sind unter Berücksichtigung des RBV alle wesentlichen erfolgskritischen Fähigkeiten eines Unternehmens wie Innovationsfähigkeit oder Kundenorientierung direkt oder indirekt auf die Leistungsfähigkeit und Kompetenzen der Mitarbeiter zurückzuführen, wodurch die **Gewinnung und Bindung geeigneter Leistungsträger zu einem zentralen Erfolgsfaktor** werde.[7] Auch von einer Vielzahl weiterer Autoren wird diese Einschätzung von der herausragenden Bedeutung geeigneter Mitarbeiter für den Unternehmenserfolg, insbesondere in

[3] Vgl. Bea und Haas (2005), S. 29; Grant (2005), S. 138 ff.

[4] Vgl. Michaels et al. (2001), S. 3; Grobe (2003), S. 5 ff.; Dess et al. (2008), S. 119; Haider (2009), S. 74; Stotz und Wedel (2009), S. 1; Streich (2011), S. 19.

[5] Ritz und Sinelli (2010), S. 4. Vor allem in der Marketingliteratur und -praxis wird mit Blick auf die Bedeutung der Mitarbeiter immer wieder der besondere Einfluss der Mitarbeiter auf das Markenimage des Unternehmens hervorgehoben. Vgl. Mosley (2007), S. 126 f.; Foster et al. (2010), S. 403; Wilden et al. (2010), S. 57; Esch et al. (2011), S. 12; König (2011), S. 20. Berthon et al. stellen fest: „Employees are becoming central to the process of brand building and their behaviour can either reinforce a brand's advertised values or, if inconsistent with these values, undermine the credibility of advertised messages." Berthon et al. (2005), S. 153. Von Mosley wird mit Blick auf die Unternehmenspraxis Howard Schultz, der Gründer des US-amerikanischen Unternehmens Starbucks, mit den Worten zitiert: „The most important component of our brand is the employee. The people have created the magic. The people have created the experience." Mosley (2007), S. 127.

[6] Vgl. Bea und Haas (2005), S. 29; Sponheuer (2010), S. 6 f.

[7] Vgl. Sponheuer (2010), S. 6 f.

Zeiten von Diskontinuitäten und strategischen Neuorientierungen, geteilt.[8] Als entsprechend erfolgskritisch werden die Fähigkeiten eines Unternehmens beurteilt, qualifizierte Mitarbeiter als elementares Wertschöpfungspotenzial der Organisation mit geeigneten Mitteln anzuziehen, zu erhalten und zu entwickeln.[9]

Als besondere Herausforderung bei der Gewinnung und Bindung geeigneter Leistungsträger erweist sich in vielen Industrieländern der zunehmende **Fachkräftemangel**, der bereits heute zu einer deutlichen Verschärfung des Wettbewerbs um Führungs- und Nachwuchskräfte führt.[10] Als wesentliche Ursache dieses Trends wird neben einem steigenden Bedarf an qualifizierten Wissensarbeitern vor allem die demographische Entwicklung angesehen.[11] So zeigt sich, dass z. B. in Deutschland die Einwohnerzahl von heute rund 82 auf etwa 70 Mio. im Jahr 2050 sinken wird, während gleichzeitig der Anteil der älteren Menschen deutlich zunehmen wird, etwa bei den über 60-jährigen von heute einem Viertel auf ein Drittel. Die Folge ist, dass im Jahr 2050 voraussichtlich nur noch rund 59 von 100 Personen erwerbstätig sein werden, während es heute 68 von 100 Personen sind.[12] Angesichts der verfügbaren Daten zur demographischen Entwicklung muss zum heutigen Zeitpunkt davon ausgegangen werden, dass sich die in vielen Bereichen bereits spürbare Mangelsituation auf dem Arbeitsmarkt in den kommenden Jahren weiter

[8] Vgl. Greening und Turban (2000), S. 254 ff.; Grobe (2003), S. 5 ff.; Berthon et al. (2005), S. 153; Chapman et al. (2005), S. 928; Martin et al. (2005), S. 78; Mosley (2007), S. 125 f.; Dess et al. (2008), S. 119; Robbins (2008), S. 630; Gardini (2009), S. 510; Moroko und Uncles (2009), S. 181 f.; Stotz und Wedel (2009), S. 1; Eberhardt (2010), S. 68; Wilden et al. (2010), S. 57; Gelbert et al. (September 2011), S. 8; König (2011), S. 20; Nagel (2011), S. 28; Böttger (2012), S. 1 f.; Parment (2012), S. 8.

[9] Vgl. Michaels et al. (2001), S. 2; Moroko und Uncles (2009), S. 181 f.; Eberhardt (2010), S. 68; Ritz und Sinelli (2010), S. 4; Janzen (2011), S. 33; Böttger (2012), S. 1 f.; Parment (2012), S. 8 f.

[10] Vgl. Berthon et al. (2005), S. 167 f.; Chapman et al. (2005), S. 928; Martin et al. (2005), S. 77; Ng und Burke (2005), S. 1195; Greven (2008), S. 159; Kirchgeorg (2009), S. 1 f.; Stritzke (2009), S. 3 ff; Kirschten (2010), S. 109; Sponheuer (2010), S. 6; Wilden et al. (2010), S. 56 f.; Janzen (2011), S. 32; König (2011), S. 20. Bereits vor Jahren wurde für diese Entwicklung bzw. den daraus resultierenden Wettbewerb von der Unternehmensberatung McKinsey die heute geläufige Bezeichnung „War for Talent" geprägt. Vgl. Michaels et al. (2001), S. 1 ff. Dabei war der Begriff immer auch stark auf Führungs- und Nachwuchskräfte im Managementbereich ausgerichtet. So schreiben die Autoren: „Managerial talent is not the only type of talent that companies need to be successful, but it is a critical one and it is at the epicenter of the war for talent." ebenda, S. 2. Im Rahmen dieser Arbeit werden die Begriffe Fachkraft und Talent weitgehend synonym verwendet.

[11] Vgl. Stritzke (2009), S. 3; Kirschten (2010), S. 110 ff.; Schubert und Hauser (2011), S. 26.

[12] Vgl. Rump und Eilers (2006), S. 130 f.; Deller et al. (2008), S. 122; Ritz und Sinelli (2010), S. 4.

Die alte Realität	Die neue Realität
Menschen brauchen Unternehmen	Unternehmen brauchen Menschen
Maschinen, Kapital und Geographie fungieren als wesentlicher Wettbewerbsvorteil	Fachkräfte fungieren als wesentlicher Wettbewerbsvorteil
Bessere Fachkräfte machen einen Unterschied aus	Bessere Fachkräfte machen einen riesigen Unterschied aus
Jobs sind rar	Fachkräfte sind rar
Mitarbeiter sind loyal, und Jobs sind sicher	Mitarbeiter sind mobil, und ihre Bindung an Unternehmen ist kurzfristig
Potenzielle Mitarbeiter geben sich mit dem Standard-Angebot zufrieden	Potenzielle Mitarbeiter erwarten wesentlich mehr

Abb. 4.1 Veränderungen der Rahmenbedingungen auf dem Arbeitsmarkt. (Quelle: Eigene Darstellung, in enger Anlehnung an Michaels et al. (2001), S. 6)

verschlechtern und auch nicht durch erhöhte Bildungsanstrengungen wesentlich verbessern lassen wird.[13] Die Unternehmensberatung *Roland Berger* prognostiziert: „The war for talent will intensify up to 2030. Key regions and countries such as Western Europe, the US and China suffer a serious shortage of qualified employees."[14] Der Wandel zur Wissensökonomie und die Entwicklung des Arbeitsmarkts von einem Verkäufer- zu einem Käufermarkt, verbunden mit einem Angebotsüberschuss an Arbeitsplätzen für Hochqualifizierte, haben die Rahmenbedingungen für Arbeitnehmer und Arbeitgeber grundlegend verändert, wodurch die Situation für Unternehmen deutlich schwieriger geworden ist.[15] Abbildung 4.1 stellt einige dieser Veränderungen beispielhaft dar.

[13] Vgl. Gardini (2009), S. 510; Sponheuer (2010), S. 9 f.; Gelbert et al. (September 2011), S. 13; Roland Berger Strategy Consultants (2011), S. 111 f.; Parment (2012), S. 11.

[14] Roland Berger Strategy Consultants (2011), S. 111.

[15] Vgl. Parment (2012), S. 11. Obwohl in der Literatur u. a. zum Personalmanagement und zum Employer Branding weitgehend Konsens bezüglich eines drohenden Fachkräftemangels herrscht, werden die gängigen Vorhersagen auch immer wieder kritisiert. So bezeichnet z. B. der Arbeitsmarkt- und Konjunkturexperte beim Deutschen Institut für Wirtschaftsforschung Brenke die Angaben des Vereins Deutscher Ingenieure (VDI) zum Fachkräftemangel

Neben der Betrachtung des Zusammenhangs zwischen Mitarbeitern und dem allgemeinen Unternehmenserfolg wurde sowohl in der Strategie- als auch in der Marketingforschung in der Vergangenheit speziell der **Einfluss der Mitarbeiter auf die Umsetzung der Unternehmensstrategie** analysiert.[16]

In der Literatur herrscht überwiegend Konsens dahingehend, dass allein die Entscheidung der Unternehmensführung zugunsten einer Strategie nicht deren Umsetzung gewährleistet. Stattdessen stellt vor allem die **Unterstützung der Mitarbeiter** für die Strategieimplementierung einen wesentlichen Erfolgsfaktor dar.[17] Für Meffert et al. ist der Glaube, dass Strategien dadurch realisiert werden könnten, „dass sie als wünschenswert angesehen und verabschiedet werden, als grundlegender Irrtum einzustufen".[18] Vielmehr sei es keineswegs selbstverständlich, dass die Mitarbeiter eines Unternehmens ihr Verhalten ändern würden, weil sich die „offizielle" Unternehmensstrategie verändert habe. Auf Basis von Erkenntnissen der Motivationspsychologie folgern die Autoren, dass neben weiteren Bedingungen der Wille der Mitarbeiter zur Realisierung einer Strategie für deren Akzeptanz im Unternehmen erforderlich ist.[19] In ganz ähnlicher Form wird von *Hungenberg* festgestellt, dass allein die Auswahl und Verabschiedung einer Unternehmensstrategie nicht zu einer Veränderung der strategischen Ausrichtung des Unternehmens führt. Voraussetzung hierfür sei vielmehr, dass „in allen Unternehmensteilen nach ihrer Maßgabe gehandelt wird".[20] Auch für *Kleingarn* ergibt sich die wesentliche Bedeutung der Mitarbeiter für strategische Veränderungen maßgeblich aus der Tatsache, dass diese potenziell „unüberwindbare Grenzen jeder Veränderung" in Organisationen darstellen könnten.[21]

Grundsätzlich besteht für die Unternehmensführung die Möglichkeit, die Strategieimplementierung zu fördern, indem sie entsprechenden Einfluss auf das Mitarbeiterverhalten ausübt. Hierzu gehören z. B. die umfassende Bereitstellung von

bei Ingenieuren als nicht nachvollziehbar und prognostiziert für die kommenden Jahre sogar einen Überschuss an Fachkräften. Vgl. Brenke (2012).

[16] Die Analyse der Bedeutung von Mitarbeitern für die Strategieimplementierung ähnelt dabei im Prinzip der Fragestellung hinsichtlich des allgemeinen Unternehmenserfolgs. Allerdings wird mit dem Blick auf die Unternehmensstrategie eine andere, vorgelagerte Ebene in die Betrachtung einbezogen, da die Implementierung einer von der Unternehmensführung formulierten Strategie üblicherweise als Voraussetzung für den nachgelagerten Unternehmenserfolg angesehen werden muss.

[17] Vgl. Michel et al. (2010), S. 42; Göbel (2011), S. 61; Göbel (2012), S. 56.

[18] Meffert et al. (2008), S. 734.

[19] Vgl. ebenda, S. 734.

[20] Hungenberg (2011), S. 555.

[21] Vgl. Kleingarn (1997), S. 29 f.

Informationen für betroffene Mitarbeiter, Schulungen zum Aufbau notwendiger Qualifikationen oder Maßnahmen zur Steigerung der Motivation, am Erfolg einer neuen Strategie mitzuwirken.[22] Als Instrument zur Motivationssteigerung werden in der Praxis insbesondere Management-Anreizsysteme angewendet, um Führungskräfte zu einem Handeln im Unternehmensinteresse, d. h. auch im Sinne der formulierten Strategie, zu bewegen.[23] Gelingt es, Anreizgestaltung und Strategie so zu verknüpfen, dass sich Führungskräfte entsprechend der Unternehmensstrategie verhalten, spricht *Hungenberg* von einer „strategieorientierten Gestaltung des Management-Anreizsystems".[24]

Die Möglichkeiten der Unternehmensführung, auf das Mitarbeiterverhalten einzuwirken, bleiben jedoch i. d. R begrenzt, da die zur Verfügung stehenden Instrumente nur bedingt in der Lage sind, auf die im Unternehmen herrschende **Unternehmenskultur** und damit auf „die Art, wie Dinge in der Organisation gemacht werden", einzuwirken.[25] Gerade diese übt jedoch einen bestimmenden Einfluss auf das Handeln von Mitarbeitern und damit den Erfolg von Unternehmen aus.[26] In der Organisationspsychologie wurde in den 1980er Jahren von Edgar H. Schein das sog. „Eisbergmodell" der Unternehmenskultur entwickelt, das bis heute verbreitet Anwendung findet, um darzustellen, dass eine Unternehmenskultur aus verschiedenen mehr oder weniger gut sicht- und steuerbaren Ebenen besteht.[27]

Nach *Senior* besteht die erste Ebene der Unternehmenskultur aus den, ähnlich wie bei einem Eisberg, leicht sichtbaren und formalen Aspekten eines Unternehmens wie offiziellen Zielen, der formulierten Strategie oder der Organisationsstruktur (siehe Abb. 4.2). Die zweite Ebene beschreibt hingegen den nicht sichtbaren

[22] Vgl. Hungenberg (2011), S. 333.

[23] Vgl. Hüfner (2003), S. 19 ff.; Villalobos Baum (2010), S. 175 ff.

[24] Vgl. Hungenberg (2011), S. 361.

[25] Vgl. Hrebiniak (2005), S. 261. In diesem Zusammenhang beurteilen Ritz und Sinelli einen Fokus auf das Gehalt als wenig geeignet, da sich gezeigt habe, dass dieses für Talente keine dauerhaft differenzierende Wirkung mehr habe. Vgl. Ritz und Sinelli (2010), S. 18.

[26] Vgl. Kotter und Heskett (1992), S. 11; Kreikebaum (1995), S. 558; Harris und Mossholder (1996), S. 529; Kleingarn (1997), S. 31. Arnold stellt fest, dass Unternehmen mit unterschiedlichen Kulturen auch abweichende Voraussetzungen für einen nachhaltigen Strategiewechsel aufwiesen. Demnach verfügen verschiedene Kulturformen und -typen über unterschiedliche Rückkopplungsprozesse und benötigen somit verschiedene Formen der Sensibilisierung, um sich „aktiv und bewusst an der Generierung nachhaltiger Zukunftsmärkte zu beteiligen. Arnold (2007), S. 80.

[27] Vgl. Schein (1984), S. 3 ff.; Kotter und Heskett (1992), S. 4; Helms-Mills et al. (2009), S. 61; Schein (2010), S. 23 ff.

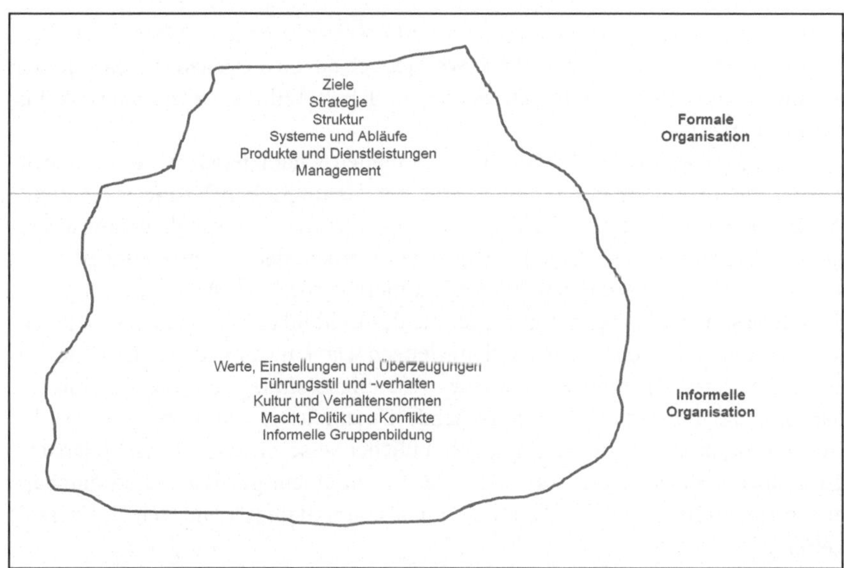

Abb. 4.2 Das Eisbergmodell der Unternehmenskultur. (Quelle: Eigene Darstellung, in Anlehnung an Senior (2001), S. 123)

Teil des Eisbergs und enthält die verborgenen Aspekte der Unternehmenskultur.[28] *Senior* bezeichnet diese zweite Ebene als „informelle Organisation". Diese umfasst z. B. „the values, beliefs and attitudes held by management and other employees, the emergent informal groupings which occur in every organisation, the norms of behaviour which direct how things are done but which are rarely talked about and the politics of organisational life which are mainly hidden but which, for all that, are a powerful driver of decisions and actions".[29] Insbesondere die verborgenen Determinanten der Unternehmenskultur, wie Werte, Einstellungen und Überzeugungen der Mitarbeiter, lassen sich aufgrund ihrer zeitlichen Stabilität durch An-

[28] Vgl. Arnold (2007), S. 79 f. Während Senior nur zwei Ebenen der Organisation unterscheidet, wurden von Schein im klassischen Eisbergmodell drei verschiedene Ebenen der Unternehmenskultur unterschieden. Vgl. Senior (2001), S. 122 f., und Helms-Mills et al. (2009), S. 61. Da nicht die detaillierte Differenzierung der Ebenen sondern deren Unterscheidung in einen sichtbaren und nicht-sichtbaren Teil für die weiteren Ausführungen relevant ist, wird an dieser Stelle zugunsten der Übersichtlichkeit auf eine Zweiteilung zurückgegriffen.

[29] Senior (2001), S. 122. Vgl. hierzu auch Luthans (1973), S. 441 ff.

reizsysteme nur in begrenztem Maße beeinflussen oder ändern.[30] Der Darstellung in Form eines Eisbergs entsprechend wird jedoch davon ausgegangen, dass gerade die informellen Bestandteile den weitaus größeren Teil der Unternehmenskultur ausmachen.

Besondere Relevanz erhalten die informellen Charakteristika der Unternehmenskultur **in Zeiten des Wandels und der strategischen Neuorientierung.**[31] Als Beispiel kann an dieser Stelle die Implementierung einer nachhaltigkeitsorientierten Unternehmensstrategie herangezogen werden, deren Notwendigkeit angesichts der eingangs skizzierten Treiber diskutiert wurde.[32] Es ist davon auszugehen, dass insbesondere in Unternehmen, für die das Leitbild der nachhaltigen Entwicklung bis dato nicht oder kaum handlungsleitend war, eine umfassende Orientierung an nachhaltigen Zieldimensionen eine wesentliche strategische Neuorientierung darstellt, die kaum durch die herrschende Unternehmenskultur getragen wird.[33] Bekannt ist, dass Unternehmenskulturen üblicherweise einen gewissen Widerstand gegenüber Veränderungen aufweisen, der bis zu einem gewissen Grad durchaus als positiv zu beurteilen ist, da er der Organisation Stabilität und Berechenbarkeit verleiht.[34]

Als negative Folge dieses inhärenten Widerstands gilt jedoch, dass notwendige Anpassungsprozesse und Fortschritt oftmals behindert werden.[35] Laut *Kleingarn* zeigen sich Widerstände gegen strategische Veränderungen sowohl in offener als auch in verdeckter Form und wirken umso stärker, je deutlicher der geplante Wandel vom bisherigen Zustand abweicht.[36] Vergleicht man die unterschiedlichen Ebenen der Unternehmenskultur, so zeigt sich, dass sich der Widerstand gegenüber Veränderungen im Wesentlichen aus den informellen, tief in der Organisation verwurzelten Bestandteilen der Kultur speist. So konstatiert etwa *Senior*, dass unabhängig davon, wie gut strategische Veränderungen von der Unternehmensfüh-

[30] Vgl. Kotter und Heskett (1992), S. 4; Kreikebaum (1995), S. 558; Senior (2001), S. 164 ff.; Schein (2010), S. 28 f.

[31] Vgl. Hrebiniak (2005), S. 263 ff., und Robbins (2008), S. 662.

[32] In Anlehnung an Kreikebaum beginnt die Formulierung einer nachhaltigen Unternehmensstrategie i. d. R. mit der Umformulierung der unternehmerischen Absichten, die in eine entsprechend offensive Nachhaltigkeitsstrategie übersetzt und anschließend durch Einzelmaßnahmen konkretisiert werden. Vgl. Kreikebaum (1993), S. 86.

[33] Vgl. Arnold (2007), S. 56 ff.

[34] Vgl. Kleingarn (1997), S. 46 f.; Burke (2002), S. 92 ff.; Dess et al. (2008), S. 309. Für Kleingarn sind Widerstände innerhalb von Organisationen sogar „Wegbegleiter eines jeden Veränderungsprozesses". Kleingarn (1997), S. 46.

[35] Vgl. Robbins (2008), S. 633.

[36] Vgl. Kleingarn (1997), S. 46.

rung auf der formalen Ebene der Unternehmenskultur geplant wurden, letztlich die informellen Aspekte den entscheidenden Einfluss auf Erfolg oder Misserfolg des geplanten Wandels ausüben.[37]

In der Literatur wurde angesichts der Bedeutung der Kultur für den organisatorischen Wandel der Frage nachgegangen, inwieweit die herrschende Unternehmenskultur von der Unternehmensführung aktiv verändert werden kann, um als notwendig erachtete Veränderungen der Strategie zu ermöglichen. Von zahlreichen Autoren wird diese Option jedoch als **mehr oder weniger unrealistisch bzw. impraktikabel zurückgewiesen**.[38] *Senior* geht angesichts der bisherigen Diskussion davon aus, dass eine Anpassung der Kultur in Abhängigkeit von deren Stärke einen extrem schwierigen und langwierigen Prozess darstellt.[39] Auch *Gleitsmann* hält eine kurzfristige Beeinflussbarkeit für nicht möglich. Stattdessen handele es sich bei Kulturgestaltung um einen außerordentlich schwierigen und langwierigen Lernprozess, da erst eine praktische Bewährung und Legitimation von Werten und Normen dazu führe, dass diese mit der Zeit auch handlungsleitend würden.[40] In der Literatur werden vor allem Versuche, die Werte, Einstellungen und Überzeugungen von Mitarbeitern zu ändern, um ein bestimmtes Verhalten zu erreichen, als weitgehend aussichtslos beurteilt.[41] *Hrebiniak* hält es für „virtually impossible to appeal to people to change their beliefs, values, or attitudes".[42] Auch für Beer et al. hat sich in der Vergangenheit die Annahme, dass man die Werte und Einstellungen der einzelnen Mitarbeiter verändern könnte, als großer Trugschluss bei der Planung und Umsetzung von strategischen Veränderungen in Unternehmen erwiesen.[43]

Es ist davon auszugehen, dass für einen umfassenden kulturellen Wandel eine Kombination unterschiedlicher Maßnahmen wie Anreizsysteme, Kontrolle und Strukturveränderungen zielführend ist.[44] Um den gewünschten Einfluss auf die

[37] Vgl. Senior (2001), S. 123. Von Alvesson und Sveningsson wird Carl-Henrik Svanberg, der ehemalige CEO von Eriksson mit den Worten zitiert: „Culture always defeats strategy." Vgl. Alvesson und Sveningsson (2008), S. 4.

[38] Vgl. Kotter und Heskett (1992), S. 12; Burke (2002), S. 1; Gleitsmann (2007), S. 17 f.; Schabracq (2007), S. 18 ff.

[39] Vgl. Senior (2001), S. 164 ff.

[40] Vgl. Gleitsmann (2007), S. 18.

[41] Vgl. Ng und Burke (2010), S. 610.

[42] Hrebiniak (2005), S. 272 f.

[43] Vgl. Beer et al. (1990), S. 158 ff.

[44] Vgl. Senior (2001), S. 164 ff.; Hrebiniak (2005), S. 285. In ihren früheren Studien zu strategischem Wandel in Organisationen haben Kotter und Heskett festgestellt, dass der zentrale Erfolgsfaktor für einen erfolgreichen kulturellen Wandel eine kompetente Führungsfigur an der Spitze des Unternehmens sei: „Ultimately, hundreds (or even thousands) of people hel-

Unternehmenskultur auszuüben und damit die Implementierung einer Strategie zu unterstützen, erscheint es jedoch mit Blick auf die bisherigen Ausführungen als besonders zweckmäßig, parallel bei der **Auswahl neuer Mitarbeiter** speziell jene Mitarbeiter für das Unternehmen zu gewinnen, die bereits über die passenden Werte, Einstellungen und Überzeugungen verfügen.[45] Für manche Autoren verliert mit dieser Sichtweise das traditionell dominierende Kriterium für die Rekrutierung, die fachliche Qualifikation, gegenüber den „weichen Faktoren" wie Werten und Einstellungen an Bedeutung.[46] Dess et al. bringen dies folgendermaßen auf den Punkt: **„Hire for attitude, train for skill.**"[47] Für eine strategische Orientierung am Nachhaltigkeitsleitbild sollten neue Mitarbeiter folglich günstigenfalls Werte, Einstellungen oder Überzeugungen aufweisen, die ihnen ein nachhaltiges Handeln als grundsätzlich sinnvoll und wünschenswert erscheinen lassen.[48]

Von *Kirchgeorg* wird die gezielte Bindung nachhaltigkeitsorientierter Führungskräfte, sog. **Nachhaltigkeitstalente**, für die Umsetzung einer Nachhaltigkeitsstrategie hervorgehoben: „Da immer mehr Unternehmen ihre Unternehmensleitbilder am Konzept der nachhaltigen Entwicklung ausrichten, können frühzeitig am Arbeitsmarkt identifizierte Nachhaltigkeitstalente für einen geplanten Wandel der Unternehmenskultur eine wichtige Vorbild- und Promotorenfunktion erfüllen."[49] Angesichts des wesentlichen Einflusses der Unternehmenskultur auf die strategische Handlungsfähigkeit von Unternehmen wird einer Prüfung der Übereinstimmung neuer Mitarbeiter mit einer als vorteilhaft angesehenen Unternehmenskultur in der Literatur eine gestiegene Bedeutung attestiert.[50] Diesbezüglich spricht sich z. B. *Robbins* dafür aus, dass „das Management bei der Auswahl neuer Mitarbeiter darauf achten sollte, Kandidaten zu finden, die nicht nur über die nötige Qualifikation, Erfahrung und Motivation, sondern auch über ein Wertesystem verfügen, das mit demjenigen der Organisation vereinbar ist".[51] *Hrebiniak* spricht sogar von

---

ped make all the changes in strategies, products, structures, policies, personnel, and (eventually) culture. But often, just one or two people seem to have been essential in getting the process started." Kotter und Heskett (1992), S. 84. Auch Meffert et al. gehen davon aus, dass vor allem dem Topmanagement für die Umsetzung von Veränderungsprozesses eine herausragende Bedeutung zukomme. Vgl. Meffert et al. (2008), S. 742.

[45] Vgl. Senior (2001), S. 164 ff.; Hrebiniak (2005), S. 272 f.; Dess et al. (2008), S. 120; Ng und Burke (2010), S. 610.

[46] Vgl. Bowen et al. (1996), S. 94.

[47] Dess et al. (2008), S. 120.

[48] Vgl. Nidumolu et al. (2009), S. 61.

[49] Kirchgeorg (2004), S. 661.

[50] Vgl. Dess et al. (2008), S. 119.

[51] Robbins (2008), S. 106 f.

der zunehmenden Wichtigkeit einer „cultural due diligence", der zukünftige Mitarbeiter unterzogen werden sollten.[52]

Bei der Diskussion um die Auswahl der geeigneten Mitarbeiter wird insbesondere den persönlichen **Werten** eine hohe Relevanz beigemessen, von zahlreichen Autoren werden diese sogar als das **Fundament bzw. als Kern der Unternehmenskultur** bezeichnet.[53] Der besondere Einfluss persönlicher Werte auf das Handeln der Mitarbeiter in einem Unternehmen wird durch verschiedene Modelle und Theorien der betriebswirtschaftlichen Forschung gestützt. So wird bspw. von Vertretern der **Upper Echelons-Theorie** aus dem Bereich der Organisationstheorie postuliert, dass strategische Entscheidungen von Führungskräften im Rahmen eines Wahrnehmungs- und Filterprozesses zustande kommen. Im Verlauf des Prozesses determinieren die persönlichen Werte der Führungskräfte maßgeblich, welchen Bereichen sie ihre Aufmerksamkeit zuwenden, welche Umweltinformationen sie für ihre Entscheidung berücksichtigen und wie sie diese schließlich interpretieren.[54] Den wesentlichen Annahmen der Theorie folgend betont *Kirsch*, „dass der Akteur stets im Hinblick auf seine ‚Definition der Situation' handelt. Dies gilt natürlich auch, wenn er unvermutet auf Probleme stößt und letztendlich entscheiden muss. Dann geht es um seine ‚Definition der Entscheidungssituation'. Nicht eine ‚objektive Realität', sondern das subjektive ‚innere Modell', das sich der Akteur von seiner Situation bildet, liegt seinem Handeln zu Grunde."[55] Damit identifiziert *Kirsch* die individuelle Definition der Situation als intervenierende Größe zwischen den wahrgenommenen Stimuli und der Reaktion des Akteurs, die wesent-

[52] Vgl. Hrebiniak (2005), S. 262. Dass eine Passung der Werte nicht nur für Unternehmen, sondern auch für potenzielle Mitarbeiter erstrebenswert ist, zeigt eine von Weßner zitierte Studie aus dem Jahr 2011. Nach dieser ist es für 53 % der Befragten wichtiger, dass ihre persönlichen Werte und Einstellungen zu denen des Unternehmens passen, nur 43 % empfinden die Übereinstimmung ihrer fachlichen Qualifikationen mit den Anforderungen der angestrebten Position als wichtiger. Vgl. Weßner (2011), S. 66.

[53] Vgl. Pinder (1998), S. 73; Stead und Stead (2004), S. 39 f.; Strödter (2008), S. 91; Weßner (2011), S. 66.

[54] Vgl. Hambrick und Mason (1984), S. 194 ff. Vor dem Hintergrund kreislaufstrategischer Gestaltungsprobleme weist Kirchgeorg auf den besonderen Einfluss individueller Persönlichkeitsunterschiede auf die Problemwahrnehmung hin: „Bei der Diskussion des entscheidungstheoretischen Planungsansatzes wurde implizit davon ausgegangen, dass bereits ein formuliertes Ausgangsproblem vorliegt, auf das das Planungsschema anzuwenden versucht wird. In der Realität besteht jedoch die Gefahr, dass ein Entscheidungsträger bei der Wahrnehmung und Definition eines Ausgangsproblems bereits implizit oder explizit Entscheidungsfelder verengt und bestimmten Strukturdefekten bei der Auswahl von Handlungsalternativen keine Beachtung mehr beimisst." Kirchgeorg (2004), S. 214.

[55] Kirsch (2001), S. 311.

lich durch seine persönlichen Werte geprägt ist.[56] Eine ähnlich prominente Rolle persönlicher Werte für das Entscheidungsverhalten von Mitarbeitern eines Unternehmens kommt auch im „Wollen-Können-Dürfen-Modell" zum Ausdruck, nach dem für eine Handlung eine ausreichende Motivation, Qualifikation und Handlungsspielraum beim Mitarbeiter vorhanden sein müssen.[57] Nach *Kirchgeorg* setzt insbesondere die Ebene des individuellen Wollens entsprechende Werthaltungen voraus.[58]

► Trommsdorff und Teichert definieren den Wertebegriff als „[…] ein konsistentes System von Einstellungen (eine ‚Über-Einstellung') mit normativer Verbindlichkeit. Entsprechend der Definition von Einstellungen ist ein Wert ein Zustand der Bereitschaft, sich (einer ganzen Klasse von) Einstellungsobjekten gegenüber konstant positiv oder negativ zu verhalten. Werte beschreiben insofern sehr stabile Grundüberzeugungen oder Lebensziele, welche sich in Form von konsistenten Einstellungsbündeln konkretisieren."[59]

Im Zusammenhang mit einer strategischen Neuorientierung am Leitbild der Nachhaltigkeit wird von *Kirchgeorg* die Werthaltung neuer Mitarbeiter ebenfalls in den Mittelpunkt gerückt. Demnach sei eine geeignete Werthaltung Voraussetzung dafür, dass Mitarbeiter gewillt seien, eine nachhaltigkeitsorientierte Strategie umzusetzen. Dies müsse folglich bei der Auswahl neuer Mitarbeiter einbezogen werden: „Der Versuch, die Werthaltungen von Mitarbeitern nach ihrer Einstellung zu verändern, erscheint vielfach schwierig, zeit- und ressourcenintensiv, sodass ein Fit der Werthaltung von zukünftigen Mitarbeitern mit einem nachhaltigkeitsorientierten Unternehmensleitbild bereits bei der Personalauswahl geprüft und als Selektionskriterium berücksichtigt werden sollte."[60]

Für die Umsetzung von Strategien gilt, dass vor allem bei Mitarbeitern der **mittleren und oberen Führungsebene** eine kulturelle Passung im Sinne der definierten Unternehmensstrategie von besonderer Relevanz ist. Diese tragen für die Umsetzung einer neu formulierten Strategie eine doppelte Verantwortung, weswegen sie z. B. von *Robbins* als „wichtigste Change Agents der meisten Organi-

---

[56] Vgl. Kirsch (1970), S. 25 ff.; Kirsch (2001), S. 311 ff.

[57] Vgl. Loffing und Loffing (2010), S. 10 f.

[58] Vgl. Kirchgeorg (2004), S. 661.

[59] Trommsdorff und Teichert (2011), S. 152. Für weitere Ausführungen zum Einstellungsbegriff vgl. Kuß und Tomczak (2007), S. 49 ff., oder Trommsdorff und Teichert (2011), S. 126 ff.

[60] Vgl. Kirchgeorg (2004), S. 661.

sationen" bezeichnet werden.[61] Zum einen liegt es an ihnen, in ihrem Kompetenzbereich die von der Unternehmensführung gewünschten Veränderungen im Alltag umzusetzen, wobei ihnen aufgrund ihrer größeren Einflussmöglichkeiten mehr Verantwortung zukommt als Mitarbeitern auf unteren Hierarchieebenen. Zum anderen können gerade die Mitarbeiter der Leitungsebenen mittels ihrer Rollenmodelle prägenden Verhaltensweisen einen Kulturwandel der Organisation fördern.[62]

Für *Burke* stellt die Rekrutierung geeigneter Führungskräfte eine wesentliche Voraussetzung für den Erfolg strategischer Veränderungen dar: „The point is that frequently, a deliberate tactic for organization change at the individual level is to infuse the system with new leadership, especially at the top."[63] *Stead und Stead* betonen die Bedeutung der Führungsebene insbesondere im Übergang zur nachhaltigen Unternehmensführung: „Given this high level of influence that strategic managers have on the planet's social and environmental systems, it is critical that they take an active role in helping to institute the types of changes that will allow humankind to transcend into a community of economic, social, and ecological balance that can be sustained for generations to come."[64]

Der Ansatz, Mitarbeiter bereits vor ihrem Einstieg ins Unternehmen hinsichtlich ihrer Übereinstimmung mit zentralen kulturellen Aspekten zu prüfen, wurde in den letzten Jahren zunehmend durch einen aus der Psychologie stammenden Forschungsansatz gestützt. Das Konstrukt des **„Person-Environment (P-E)-Fit"**, das sich vornehmlich mit der individuellen Passung zwischen Personen und ihrer Umwelt sowie ihrem Einfluss auf das Verhalten der Mitarbeiter befasst, hat in jüngster Zeit von Wissenschaftlern und Managern wachsende Aufmerksamkeit erfahren. In verschiedenen Studien wurde nachgewiesen, dass sich ein hoher P-E-Fit z. B. positiv auf die Arbeitszufriedenheit, das Engagement für den Arbeitgeber und den beruflichen Erfolg auswirkt, während er die Absicht und Umsetzung von Arbeitgeberwechseln negativ beeinflusst.[65] Als ein Teilbereich der Forschung zum P-E-Fit hat sich insbesondere in der Organisationspsychologie und im Bereich der Managementforschung das spezifisch auf die Kompatibilität eines Mitarbeiters mit seinem Arbeitgeber bezogene Konzept des **„Person-Organization (P-O)-Fit"**[66]

[61] Robbins (2008), S. 662. Vgl. hierzu auch Kreikebaum (1993), S. 87; Guthof (1995), S. 21 f.; Dietrich (2003), S. 84; Stead und Stead (2004), S. 12 f.; Nidumolu et al. (2009), S. 61; Ng und Burke (2010), S. 611.

[62] Vgl. Kreikebaum (1995), S. 558; Robbins (2008), S. 662.

[63] Burke (2002), S. 87.

[64] Stead und Stead (2004), S. 12.

[65] Vgl. Lauver und Kristof-Brown (2001), S. 454.

[66] Von Kristof wurde P-O Fit definiert als „the compatibility between people and organizations that occurs when: a) at least one entity provides what the other needs, or b) they share similar fundamental characteristics, or c) both". Kristof (1996), S. 4 f.

als Erklärungsansatz für das Mitarbeiterverhalten etabliert.[67] Die Forschung zum P-O-Fit wurde wesentlich von der Erkenntnis beeinflusst, dass die Leistung von Mitarbeitern nicht nur von deren kognitiven Fähigkeiten abhängt.

Seit den späten 1980er Jahren wurde der P-O-Fit anhand zahlreicher Dimensionen wie Zielkongruenz, Wertekongruenz, Bedürfnis-Struktur-Fit und Persönlichkeit-Klima-Fit untersucht. Die Mehrzahl der empirischen Studien griff jedoch auf die Wertekongruenz zwischen Mitarbeitern und einer Organisation zurück, sodass dem Wertekonstrukt auch im Rahmen dieses Forschungsbereichs eine besondere Prominenz zukam.[68] Für *Bowen* liegt der Vorteil des P-O-Fits darin, dass dieses Modell die Tatsache anerkenne, dass erfolgreiche Mitarbeiter über Wissen, Fähigkeiten und andere persönliche Eigenschaften verfügen, die sowohl zum Inhalt als auch zum Umfeld ihrer Arbeit passen.[69] Ähnlich wie der P-E-Fit wurde der P-O-Fit als potenziell entscheidender Faktor für Arbeitszufriedenheit, Kündigungsabsichten, Commitment sowie die Entwicklung und Aufrechterhaltung des Engagements von Mitarbeitern identifiziert. *Fields* hebt besonders die Bedeutung des P-O-Fits für eine erfolgreiche Strategieumsetzung hervor, indem er betont: „Person-organization fit can be operationalized as an individual's goal congruence with organizational leaders and peers."[70] Nach Meyer et al. ergaben jüngste Metaanalysen der Forschung zum Konzept des P-O-Fits „what appears to be strong supporting evidence".[71]

Für Unternehmen stellt sich die Frage, wie sie am ehesten jene zukünftigen Führungskräfte ansprechen und binden können, die aus ihrer Sicht am besten zu ihnen passen. Aus Sicht einer nachhaltigen Unternehmensführung stehen Unternehmen vor der Herausforderung, gezielt Nachhaltigkeitstalente innerhalb des Fachkräftepools für sich zu gewinnen. Mit dem **Employer Branding** hat sich auf Basis einer Synthese der vormals getrennten Bereiche des HR-Managements und der Markenführung seit der Mitte der 1990er Jahre ein Konzept entwickelt, das eben diese Fragestellung aufgreift.

[67] Vgl. Kristof (1996), S. 1; Sekiguchi (2004), S. 177; Strack (2004), S. 182; Hoffman und Woehr (2006), S. 390 f.; Forster et al. (2009), S. 285. Weitere Teilbereiche dieses Forschungsansatzes stellen z. B. Person-Vocation Fit, Person-Job Fit und Person-Group Fit dar. Vgl. Lauver und Kristof-Brown (2001), S. 454.

[68] Vgl. Verquer et al. (2003), S. 474.

[69] Vgl. Bowen et al. (1996), S. 97.

[70] Fields (2002), S. 217.

[71] Meyer et al. (2010), S. 458. Vgl. hierzu auch DuBrin (2008), S. 279; Strödter (2008), S. 91 ff.

Beim Konzept des Employer Brandings handelt es sich sowohl mit Blick auf die wissenschaftliche Literatur als auch auf die Praxis um einen vergleichsweise jungen Forschungszweig.[72] Erstmals explizit erwähnt wurde der Begriff Employer Brand 1996 in einem gleichnamigen Beitrag von *Ambler und Barrow*, die sich für eine Anwendung der Erkenntnisse der Markenführung auf das Personalmanagement aussprachen.[73] Nach *Sponheuer* gehen die Anfänge des Employer Brandings im Wesentlichen auf die Diskussion um die Stakeholdervielfalt sowie die zunehmende Auseinandersetzung mit Unternehmensmarken ab Mitte der 1990er Jahre zurück.[74] Es scheint, dass das Interesse der Praxis am Employer Branding vor allem von den zunehmenden Anzeichen des Fachkräftemangels getrieben war.[75] So griffen die Unternehmen das Employer Branding bereits sehr frühzeitig auf, während die wissenschaftliche Diskussion mitsamt einer theoretischen oder empirischen Fundierung noch immer in den Anfängen steckt.[76] Der Blick auf die deutsch- und englischsprachige Forschungsliteratur offenbart denn auch ein wenig einheitliches Verständnis vom Employer Branding.[77]

Grundsätzlich basiert der Employer Branding-Ansatz auf den bereits dargestellten Grundannahmen des Resource-Based View, insbesondere auf der These, dass sich geschickte Investitionen in Human-Ressourcen positiv auf den Unternehmenserfolg auswirken.[78] Wie aus den einleitenden Begriffsbestimmungen hervorgeht, gehen die theoretischen Fundierungen des Employer Brandings überwiegend auf Anleihen aus der klassischen Markenliteratur der Marketingdisziplin zurück, oft wird das Employer Branding sogar als Teil des Corporate Branding angesehen.[79] Der Transfer der Erkenntnisse aus der Markenforschung ist wesentlich auf die Tatsache zurückzuführen, dass zwischen Unternehmen und Mitarbeitern ähnliche Austauschbeziehungen existieren wie zwischen Unternehmen und Konsumenten.[80]

---

[72] Vgl. Stritzke (2009), 8 f.

[73] Vgl. Ambler und Barrow (1996), S. 185 ff.

[74] Vgl. Sponheuer (2010), S. 5 f.; Kirchgeorg und Günther (2006), S. 6.

[75] Vgl. Mosley (2007), S. 129 f.

[76] Vgl. Backhaus und (2004), S. 503 f.; Stritzke (2009), S. 41 f.; Sponheuer (2010), S. 5 f.

[77] Vgl. Forster et al. (2009), S. 282; Stritzke (2009), S. 41 f. Für eine Übersicht zu verschiedenen Definitionen der Employer Brand und des Employer Brandings vgl. z. B. Stotz und Wedel (2009), S. 7 ff., und Böttger (2012), S. 20 ff.

[78] Vgl. Backhaus und Tikoo (2004), S. 503 f.; Forster et al. (2009), S. 288 f.

[79] Vgl. Kirchgeorg und Günther (2006), S. 6; Stritzke (2009), S. 48.

[80] Vgl. Böttger (2012), S. 13 ff.

So geht man heute davon aus, dass eine Employer Brand ähnlich wie Unternehmens- oder Produktmarken dazu dient, insbesondere gegenüber bestehenden und potenziellen Mitarbeitern eine Orientierungshilfe zu geben sowie Vertrauens-, Entlastungs-, Qualitätssicherungs-, Prestige- und Identifikationsfunktionen zu erfüllen.[81] Nach Forster et al. besteht das Ziel der Führung einer Employer Brand darin, „sowohl intern als auch extern ein ‚Great-place-to-work'-Image aufzubauen […], denn jedes Unternehmen besitzt – ob gewollt oder nicht, ob negativ oder positiv – ein Arbeitgeberimage".[82] Sowohl in wissenschaftlichen als auch praxisorientierten Veröffentlichungen zum Employer Branding wird die Employer Brand, d. h. die Arbeitgebermarke, weitgehend als Zielobjekt eines marktorientierten Personalmanagements angesehen, während das Employer Branding die strukturierte bzw. prozessgeleitete Führung der Employer Brand darstellt.[83]

Im Laufe seiner Entwicklung, die sich im Wesentlichen in der Unternehmenspraxis vollzog, wurde das Konzept des Employer Brandings von einer Vielzahl akademischer Disziplinen beeinflusst, wodurch die heutige Begriffsunschärfe in Teilen zu erklären ist.[84]

[81] Vgl. Forster et al. (2009), S. 280; Kirschten (2010), S. 121 f.

[82] Forster et al. (2009), S. 280.

[83] Vgl. Stotz und Wedel (2009), S. 8 ff.; Stritzke (2009), S. 42 f. Die so vorgenommene begriffliche Trennung der Employer Brand vom Employer Branding entspricht den gängigen Begrifflichkeiten der klassischen Markenführung, in der üblicherweise ebenfalls zwischen der Brand bzw. Marke sowie dem Branding bzw. der Markenführung unterschieden wird.

[84] Vgl. Maxwell und Knox (2009), S. 895.

5 Implikationen aus der empirischen Untersuchung für die Unternehmenspraxis

Das Konzept des Employer Brandings eröffnet Unternehmen zwar grundsätzlich die Möglichkeit, gezielt potenzielle Mitarbeiter mit einer nachhaltigen Wertorientierung zu adressieren und zu gewinnen. Ohne weitergehende Kenntnisse über diese Gruppe der potenziellen Mitarbeiter und den spezifischen Einfluss von nachhaltigen Werten auf die Arbeitgeberwahl bleiben die Potenziale des Employer Brandings im Nachhaltigkeitskontext jedoch weitgehend theoretischer Natur, da der gezielten Anwendung seiner Instrumente ein klar umrissener Adressat fehlt, demgegenüber eine Differenzierung gelingen kann. Vor diesem Hintergrund leistet die vom Autor im Buch „Nachhaltigkeit im Employer Branding" (Springer Gabler, 2014) im Detail beschriebene empirische Studie einen Beitrag, die Zielgruppe der Nachhaltigkeitstalente zu identifizieren und zu charakterisieren sowie Schlussfolgerungen für die Führung einer Employer Brand ableiten zu können. Auf Basis der Ergebnisse der Studie soll abschließend auf einige ausgewählte Implikationen für das Employer Branding eingegangen werden.

Zunächst ist mit Blick auf die Studie generell festzuhalten, dass innerhalb der Zielgruppe der Studenten der Wirtschaftswissenschaften bzw. zukünftiger Führungskräfte offenbar eine Gruppe von Studenten existiert, die eine vergleichsweise **starke Ausprägung nachhaltiger Werte** aufweist. Diese Nachhaltigkeitstalente zeichnen sich im Vergleich zu anderen Studenten insbesondere dadurch aus, dass sie nicht nur einzelne Teilbereiche der Nachhaltigkeit als bedeutsam empfinden, sondern **sowohl ökologische als auch ökonomische und soziale Aspekte der Nachhaltigkeit als gleichermaßen wichtig beurteilen**. Damit erlangen sie für die geplante Umsetzung einer nachhaltigen Unternehmensstrategie und gewissermaßen als Zielobjekt des Employer Brandings gegenüber anderen Bewerbern

K. Weinrich, *Nachhaltigkeitsorientierte Unternehmensführung*, essentials,
DOI 10.1007/978-3-658-08363-2_5

besondere Bedeutung. Der empirische Beleg der Existenz sowie die weitere Charakterisierung der Zielgruppe der Nachhaltigkeitstalente kann als Voraussetzung dafür angesehen werden, dass eine gezielte und effektive Ansprache dieser Talente durch Unternehmen im Rahmen des Employer Brandings erfolgen und schlussendlich zum gewünschten Ergebnis in Form der Gewinnung für das Unternehmen führen kann. So wurde bereits von *Böttger* betont, dass ein erfolgreiches Employer Branding die Kenntnis der relevanten Bezugsgruppen der Arbeitgebermarke voraussetze und nur durch eine geeignete Zielgruppensegmentierung sichergestellt werden könne, dass das Employer Branding seine Wirkung gezielt bei den „richtigen" potenziellen Mitarbeitern entfaltet.[1]

Von besonderer Bedeutung für das Employer Branding ist das **spezifische Anforderungsprofil** der Nachhaltigkeitstalente, wobei in der Wahrnehmung der Studenten offensichtlich vor allem kognitive Aspekte des unternehmerischen Handelns im Vordergrund stehen. Es hat sich gezeigt, dass sich die kognitiven Anforderungen der Nachhaltigkeitstalente an potenzielle Arbeitgeber nicht nur von jenen anderer Studenten in vielen Bereichen signifikant unterscheiden, sondern diese i. d. R. auch deutlich höhere Ansprüche an Arbeitgeber stellen. Insbesondere ökologische und soziale Aspekte der Nachhaltigkeit stehen für Nachhaltigkeitstalente im Vergleich zu anderen Studenten als Anforderungskriterien an zukünftige Arbeitgeber deutlich im Vordergrund. Unternehmen, die auf Grundlage einer strategischen Orientierung am Nachhaltigkeitsleitbild die Zielgruppe der Nachhaltigkeitstalente gezielt ansprechen und gewinnen wollen, müssen sich zwangsläufig an deren spezifischen Anforderungen orientieren und diese im Rahmen des Employer Brandings für eine Differenzierung gegenüber Wettbewerbern am Arbeitsmarkt adressieren. Für Arbeitgeber, die bei ökologischen und sozialen Kriterien in der Bewertung der Nachhaltigkeitstalente besonders schlecht abschneiden, werden diese Defizite nur schwer durch Stärken in anderen Bereichen auszugleichen sein. Zwar zeigen Nachhaltigkeitstalente zusätzlich auch bei affektiven Anforderungskriterien höhere Ansprüche als andere Studenten. Hier sind die Unterschiede jedoch weit weniger ausgeprägt, sodass affektive Aspekte eher als Hygienefaktoren anzusehen sind, die im Vergleich zu den Wettbewerbern um geeignete Talente nicht vernachlässigt werden sollten.

Auf Basis einer umfassenden Studie zum Employer Branding kommt *Böttger* zu dem Ergebnis, „dass jedes Unternehmen den Status seiner Employer Brand kennen und sich die Möglichkeiten ihrer Ausgestaltung und Steuerung bewusst machen sollte. In diesem Sinne kommt dem entscheidungsorientierten Ansatz entsprechend der Situationsanalyse und somit der Schaffung einer unternehmensindividuellen

[1] Vgl. Böttger (2012), S. 344 f.

Informationsgrundlage besondere Bedeutung zu."[2] Auch für ein Employer Branding, das vor dem Hintergrund einer nachhaltigen Unternehmensführung darauf abzielt, speziell Bewerber mit einer nachhaltigen Wertorientierung für das Unternehmen zu gewinnen, ist dieser Empfehlung vollumfänglich zuzustimmen. Die Auswertung der kognitiven und affektiven **Detailbewertung** der einzelnen in der Studie berücksichtigten Unternehmen gibt deutliche Hinweise darauf, dass jeder Arbeitgeber individuelle Profile für die Bewertung seitens der Nachhaltigkeitstalente und übrigen Studenten aufweist. Aus diesem Ergebnis ergibt sich für Unternehmen, für die die Zielgruppe der Nachhaltigkeitstalente von Bedeutung ist, die Empfehlung, die Bewertung ihrer Employer Brand speziell aus Sicht der Nachhaltigkeitstalente systematisch zu messen und im Zeitablauf zu verfolgen. Bei Kenntnis der Anforderungen der Nachhaltigkeitstalente an zukünftige Arbeitgeber kann nur über eine Identifikation der unternehmensspezifischen Stärken und Schwächen eine entsprechend zielgerichtete Gestaltung der Employer Brand gelingen.

So bergen vor allem jene Bereiche, die von den Nachhaltigkeitstalenten als besonders wichtig empfunden werden, von diesen jedoch gleichzeitig als besonders schlecht bewertet werden, Potenzial für eine **Verbesserung des Employer Brand Images** und damit der Wettbewerbsposition am Arbeitsmarkt. Dabei ist von Unternehmen jedoch stets darauf zu achten, sich nicht dem Vorwurf des Greenwashings auszusetzen und so wertvolle Glaubwürdigkeit bei ihren Stakeholdern zu verlieren. Demzufolge sollten Unternehmen vor allem bei einer angestrebten Verbesserung des Employer Brand Images im Bereich der Nachhaltigkeit nicht vornehmlich auf eine reine Optimierung der Außendarstellung abzielen, die nicht durch eine entsprechende Leistung gedeckt wird. Stattdessen gilt es gemäß dem identitätsorientierten Ansatz der Markenführung, Identität und Image der Employer Brand in Einklang zu bringen. Vor allem jenen Unternehmen, die zwar bereits nachweisbar Investitionen in eine nachhaltigkeitsorientierte Unternehmensführung unternommen haben, dies jedoch gegenüber potenziellen Mitarbeitern bislang kaum kommuniziert haben, bietet sich vor diesem Hintergrund die Chance, eine kurzfristige Differenzierung gegenüber dem Wettbewerb zu erreichen.

Die Analyse des Wertefits zwischen Unternehmen und Bewerbern hat gezeigt, dass speziell eine **positive Bewertung der Nachhaltigkeitsleistung** der Unternehmen zu einer größeren Attraktivität und Bewerbungsneigung unter Studenten führt. Dies gilt nicht ausschließlich, aber stärker für die Nachhaltigkeitstalente als für die übrigen Studenten. Gerade Nachhaltigkeitstalente werden offenbar von einem empfundenen Fit zwischen der eigenen und der unternehmerischen nachhaltigen Wertorientierung bei der Arbeitgeberwahl besonders positiv beeinflusst. Für

[2] Böttger (2012), S. 344.

Unternehmen scheinen sich wahrgenommene Verbesserungen bei Kriterien nachhaltiger Unternehmensführung mit Blick auf die Differenzierung am Arbeitsmarkt somit grundsätzlich positiv auf die eigene Wettbewerbsposition auszuwirken, sodass diesen Kriterien nach innen und außen eine besondere Bedeutung seitens des Managements zugemessen werden sollte.

Schließlich hat sich bei der empirischen Analyse gezeigt, dass eine positive Bewertung der unternehmerischen Nachhaltigkeit in anerkannten **Rankings und Indizes** nicht mit einer positiven Bewertung der Nachhaltigkeitsleistung durch die studentische Zielgruppe einhergeht. Im Gegenteil wurden jene Unternehmen, die besonders zahlreiche bzw. positive Bewertungen in den berücksichtigten Untersuchungen aufweisen, in vielen Bereichen von den Studenten im Durchschnitt sogar schlechter bewertet als jene Unternehmen, bei denen eine geringere Nachhaltigkeitsorientierung vermutet werden konnte. Zwar lässt sich nicht zweifelsfrei bestimmen, ob dies z. T. darin begründet liegt, dass die Ergebnisse der verschiedenen Rankings und Indizes den Studenten zwar bekannt, aber für ihre subjektive Bewertung der Unternehmen aufgrund von z. B. Glaubwürdigkeitsdefiziten nur eine untergeordnete Rolle spielen. Jedoch ist anzunehmen, dass vor allem die mangelhafte Kommunikation positiver Ergebnisse durch die Unternehmen einen wichtigeren Grund für den fehlenden Effekt der positiven Ergebnisse auf die wahrgenommene Nachhaltigkeitsleistung darstellt. Platzierungen in Rankings und Indizes werden bislang nur von wenigen Unternehmen im Rahmen ihrer Außendarstellung adressiert. So weist z. B. BMW in jüngster Zeit immer wieder in ganzseitigen Anzeigen darauf hin, dass der Konzern seit 1999 durchgängig Mitglied und seit 2005 sogar sog. Super Sector Leader im Dow Jones Sustainability Group Index ist.[3] Derartige Kommunikationsmaßnahmen sind jedoch bislang eher als Einzelfälle zu betrachten. Im Wesentlichen sind Informationen über positive Bewertungen im Bereich der Nachhaltigkeit nur durch eine aktive Recherche auf den Internetseiten der Unternehmen zu finden. Sowohl mit Blick auf die Differenzierung gegenüber Nachhaltigkeitstalenten als auch hinsichtlich des grundsätzlich positiven Einflusses einer starken Nachhaltigkeitsleistung auf die wahrgenommene Attraktivität und Bewerbungsneigung der Studenten sind Unternehmen gehalten, Erfolge in diesem Bereich offensiver als bislang in der Kommunikation mit ihren Stakeholdern und nicht zuletzt potenziellen Mitarbeitern zu adressieren.

[3] Vgl. BMW Group (2012).

Was Sie aus diesem Essential mitnehmen können:

- Einen Einblick in den Verlauf der modernen Nachhaltigkeitsdiskussion
- Ein Verständnis für die Verantwortung, die Unternehmen und ihren Managern seitens zahlreicher Stakeholder für die Orientierung am Nachhaltigkeitsleitbild zugeschrieben wird
- Eine Antwort auf die Frage, warum die Gewinnung und Bindung geeigneter Mitarbeiter für die Umsetzung einer nachhaltigkeitsorientierten Strategie von herausragender Bedeutung ist
- Hinweise für die Unternehmenspraxis, wie ein zielgerichtetes Employer Branding zur Gewinnung von Nachhaltigkeitstalenten gestaltet werden sollte

K. Weinrich, *Nachhaltigkeitsorientierte Unternehmensführung*, essentials,
DOI 10.1007/978-3-658-08363-2

Literatur

Accenture. (2010). A new era of sustainability – UN Global Compact-Accenture CEO Study 2010.

Alvesson, M., & Sveningsson, S. (2008). *Changing organizational culture – Cultural change work in progress*. Abingdon.

Ambler, T., & Barrow, S. (1996). The employer brand. *The Journal of Brand Management, 4*(3), 185–206.

Arnold, M. (2007). *Strategiewechsel für eine nachhaltige Entwicklung – Prozesse*. Marburg: Einflussfaktoren und Praxisbeispiele.

Bachmann, P. (2011). Nachhaltig managen. *Markenartikel, 10,* 68–71.

Backhaus, K., & Tikoo, S. (2004). Conceptualizing and researching employer branding. *Career Development International, 9*(5), 501–517.

Bea, F. X., & Haas, J. (2005). *Strategisches Management* (4. Aufl.). Stuttgart.

Beer, M., Eisenstat, R. A., & Spector, B. (1990). Why change programs don't produce change. *Harvard Business Review, 68*(6), 158–166.

Behrens, T. (2010). *Unternehmen als Gestalter nachhaltiger Märkte – Kulturwissenschaftliche Perspektiven für eine markt- und gesellschaftsorientierte Unternehmensführung im Bereich Mobilität*. Marburg.

Berthon, P., Ewing, M., & Hah, L. L. (2005). Captivating company: Dimensions of attractiveness in employer branding. *International Journal of Advertising, 24*(2), 151–172.

Bleda, M., & Shackley, S. (2008). The dynamics of belief in climate change and its risks in business organisations. *Ecological Economics, 66*(2–3), 517–532.

Blickle, J. (2009). Abgrenzung von CSR Begriffen – Nachhaltigkeit, Corporate Social Responsibility & Corporate Citizenship? http://www.csr-bw.de/234.html. Zugegriffen: 28. Jan. 2011.

BMW Group (2012). Fakten zum Unternehmen – Nachhaltigkeit. http://www.bmwgroup.com/d/nav/index.html?http://www.bmwgroup.com/d/0_0_www_bmwgroup_com/investor_relations/fakten_zum_unternehmen/nachhaltigkeit.html, 7.5.2012. Zugegriffen: 14. Juni 2012.

Böttger, E. (2012). *Employer Branding – Verhaltenstheoretische Analysen als Grundlage für die identitätsorientierte Führung von Arbeitgebermarken, Innovatives Markenmanagement*. Wiesbaden.

K. Weinrich, *Nachhaltigkeitsorientierte Unternehmensführung,* essentials,
DOI 10.1007/978-3-658-08363-2

Bowen, D. E., Ledford, G. E., & Nathan, B. R. (1996). Hiring for the organization, not the job. In R. Paton, G. Clark, G. Jones, J. Lewis, & P. Quintas (Hrsg.), *The new management reader* (S. 94–104). London.

Bowman, C., & Ambrosini, V. (2000). Value creation versus value capture: Towards a Coherent definition of value in strategy. *British Journal of Management, 11*(1), 1–15.

Brandenberg, A. (2001). *Anreizsysteme zur Unternehmenssteuerung – Gestaltungsoptionen, motivationstheoretische Herausforderungen und Lösungsansätze* (1. Aufl.). Wiesbaden.

Brenke, K. (2012). Mythos Fachkräftemangel – Von Schweinen und Ingenieuren. http://www.spiegel.de/karriere/berufsleben/0,1518,821166,00.html, 14.03.2012. Zugegriffen: 14. März 2012.

Brühl, T. (2003). *Nichtregierungsorganisationen als Akteure internationaler Umweltverhandlungen – Ein Erklärungsmodell auf der Basis der situationsspezifischen Ressourcennachfrage*. Frankfurt a. M.

Brugger, F. (2010). *Nachhaltigkeit in der Unternehmenskommunikation – Bedeutung, Charakteristika und Herausforderungen*. Wiesbaden.

Brunold, A. (2004). *Globales Lernen und lokale Agenda 21 – Aspekte kommunaler Bildungsprozesse in der „Einen Welt"* (1. Aufl.). Wiesbaden.

Bundesministerium für Umwelt, N. u. R., & Umweltbundesamt. (November 2010). *Umweltbewusstsein in Deutschland 2010 – Ergebnisse einer repräsentativen Bevölkerungsumfrage* (1. Aufl.). Berlin.

Burckhardt, G. (2011). Einführung und Überblick. In G. Burckhardt (Hrsg.), *Mythos CSR – Unternehmensverantwortung und Regulierungslücken* (S. 11–19). Bonn.

Burke, W. W. (2002). *Theory and dynamics of organization change*. London.

Chapman, D. S., Uggerslev, K. L., Carroll, S. A., Piasentin, K. A., & Jones, D. A. (2005). Applicant attraction to organizations and job choice: A meta-analytic review of the correlates of recruiting outcomes. *Journal of Applied Psychology, 90*(5), 928–944.

Clifton, D., & Amran, A. (2011). The stakeholder approach: A sustainability perspective. *Journal of Business Ethics, 98*(1), 121–136.

Davenport, T. H. (2005). *Thinking for a living – How to get better performance and results from knowledge workers*. Boston.

Deller, J., Kern, S., Hausmann, E., & Diederichs, Y. (2008). *Personalmanagement im demografischen Wandel – Ein Handbuch für den Veränderungsprozess*. Heidelberg.

Dess, G. G., Lumpkin, G. T., & Eisner, A. B. (2008). *Strategic management – Text and cases* (4. Aufl.). Boston.

Dietrich, E. (2003). *Werte und Wertewandel in gesellschaftlichen Transformationsprozessen – Dargestellt am Beispiel Führungskräfte, Arbeit, Organisation und Personal im Transformationsprozess*. Mering.

DuBrin, A. J. (2008). *Essentials of management* (8. Aufl.). Mason.

Duong Dinh, H. V. (2011). *Corporate Social Responsibility – Determinanten der Wahrnehmung, Wirkungsprozesse und Konsequenzen, Unternehmenskooperation und Netzwerkmanagement*. Wiesbaden.

Eberhardt, D. (2010). Strategisches Human Resource Management. In B. Werkmann-Karcher & J. Rietiker (Hrsg.), *Angewandte Psychologie für das Human Resource Management – Konzepte und Instrumente für ein wirkungsvolles Personalmanagement* (S. 59–88). Berlin.

Eckelmann, O. (2006). *Strategisches Nachhaltigkeitsmanagement in der pharmazeutischen Industrie: Eine empirische Untersuchung*. Wiesbaden.

Eikelenboom, B. (2005). *Organizational capabilities and bottom line performance – The relationship between organizational architecture and strategic performance of business units in Dutch headquartered multinationals*. Delft.

Ekardt, F. (2011). *Theorie der Nachhaltigkeit – Rechtliche, ethische und politische Zugänge – am Beispiel von Klimawandel, Ressourcenknappheit und Welthandel* (1. Aufl.). Baden-Baden.

Ernst & Young GmbH. (Juni 2011). Deutschlands Top-Unternehmen 2011: Erwartungen und Wirklichkeit (Verbraucherbefragung). http://www.ey.com/Publication/vwLUAssets/Deutschlands_Top-Unternehmen_2011_-_Erwartungen_und_Wirklichkeit/$FILE/Top%20Unternehmen%202011.pdf. Zugegriffen: 12. Juli 2011.

Esch, F.-R., Gawlowski, D., Isenberg, M., & Knörle, C. (2011). Erfolgsfaktoren für Employer Branding. *Markenartikel, 8,* 12–14.

Feiler, K., & Zöbl, G. (2003). Die Weltgeschichte aus dem Blickwinkel der Nachhaltigen Entwicklung. In K. Feiler (Hrsg.), *Nachhaltigkeit schafft neuen Wohlstand – Bericht an den Club of Rome* (S. 33–46). Frankfurt a. M.

Fields, D. L. (2002). *Taking the measure of work – A guide to validated scales for organizational research and diagnosis*. Thousand Oaks.

Flotow, P. von, & Kachel, P. (2011). *Nachhaltigkeit und Shareholder Value aus Sicht börsennotierter Unternehmen – Ergebnisse einer Umfrage des Deutschen Aktieninstituts e. V. und des Sustainable Business Institute (SBI) e. V.* (1. Aufl., Studien des Deutschen Aktieninstituts, 50). Frankfurt a. M.

Forster, A., Erz, A., & Jenewien, W. (2009). Employer Branding – Ein konzeptioneller Ansatz zur markenorientierten Mitarbeiterführung. In T. Tomczak, F.-R. Esch, J. Kernstock, & A. Herrmann (Hrsg.), *Behavioral Branding – Wie Mitarbeiterverhalten die Marke stärkt* (2. Aufl., S. 277–294). Wiesbaden.

Foster, C., Punjaisri, K., & Cheng, R. (2010). Exploring the relationship between corporate, internal and employer branding. *Journal of Product and Brand Management, 19*(6), 401–409.

Fräss-Ehrfeld, C. (2009). *Renewable energy sources – A chance to combat climate change*. Frederick.

Gardini, M. A. (2009). *Marketing-Management in der Hotellerie* (2. Aufl.). München.

Gelbert, A., Sasse, J., & Reinhardt, T. (September 2011). Erfolgreiches Employer Brand Management – wie man eine starke Arbeitgebermarke aufbaut und führt. In Batten & Company GmbH (Hrsg.), *Insights 14* (S. 6–15). Düsseldorf.

Gleitsmann, B. M. (2007). *Internes Marketing, Unternehmenskultur und marktorientiertes Verhalten – Direkte, indirekte und moderierende Effekte* (1. Aufl.). Wiesbaden.

Göbel, V. (2011). Kleine Taten, große Wirkung. *Markenartikel, 12/2011,* 60–63.

Göbel, V. (2012). Dafür steht er mit seinem Namen. *Markenartikel, 1–2/2012,* 56–59.

Grant, R. M. (2005). *Contemporary strategy analysis* (5. Aufl.). Malden.

Green, S. M. (2004). *Individualisierung und Wissensarbeit – Individualisierungsprozess in Unternehmen und ihre Auswirkungen am Beispiel der Personalorganisation* (1. Aufl.). Wiesbaden.

Greening, D. W., & Turban, D. B. (2000). Corporate social performance as a competitive advantage in attracting a quality workforce. *Business and Society, 39*(3), 254–280.

Greven, G. (2008). Entwicklung des Arbeitgebermarkenimages in Krisensituationen. In Akademische Marketinggesellschaft e. V. & O. Klante (Hrsg.), *Aktuelle Perspektiven des Marketingmanagements – Reflektionen aus den Bereichen Holistic Branding, Media Management und Sustainability Marketing* (1. Aufl., S. 157–173). Wiesbaden.

Grobe, E. (2003). *Corporate Attractiveness – eine Analyse der Wahrnehmung von Unternehmensmarken aus der Sicht von High Potentials (HHL-Arbeitspapier Nr. 50), HHL Leipzig Graduate School of Management*. Leipzig.

Günther, E., Kirchgeorg, M., & Winn, M. I. (2007). Resilience Management – Konzeptentwurf zum Umgang mit Auswirkungen des Klimawandels. *UmweltWirtschaftsForum, 15*(3), 175–182.

Guthof, P. (1995). *Strategische Anreizsysteme – Gestaltungsoptionen im Rahmen der Unternehmungsentwicklung*. Wiesbaden.

Haider, S. (2009). The organizational knowledge iceberg: An empirical investigation. *Knowledge and Process Management, 16*(2), 74–84.

Hambrick, D. C., & Mason, P. A. (1984). Upper echelons: The organization as a reflection of its top managers. *Academy of Management Review, 9*(2), 193–206.

Harris, S. G., & Mossholder, K. (1996). The affective implications of perceived congruence with culture dimensions during organizational transformation. *Journal of Management, 22*(4), 527–547.

Hauff, M. von, & Kleine, A. (2009). *Nachhaltige Entwicklung – Grundlagen und Umsetzung*. München.

Haugh, H. M., & Talwar, A. (2010). How do corporations embed sustainability across the organization? *Academy of Management Learning & Education, 9*(3), 384–396.

Helms-Mills, J., Dye, K., & Mills, A. J. (2009). *Understanding organizational change*. Abingdon.

Herhausen, D. (2011). *Understanding proactive customer orientation – Construct development and managerial implications*. Wiesbaden: Gabler Research.

Hermann, S. (2005). *Corporate Sustainability Branding – Nachhaltigkeitsorientierte Profilierung von Unternehmensmarken*. Wiesbaden.

Hermelink, A. (2008). *Ein systemtheoretisch orientierter Beitrag zur Entwicklung einer nachhaltigkeitsgerechten Technikbewertung angewandt auf den mehrgeschossigen Wohnungsbau im Niedrigstenergie-Standard* (1. Aufl.). Kassel.

Hettler, U. (2010). *Social Media Marketing – Marketing mit Blogs, Sozialen Netzwerken und weiteren Anwendungen des Web 2.0*. München.

Hinrichsen, D. (1987). *Our common future – A reader's guide*. London.

Hoffman, B. J., & Woehr, D. J. (2006). A quantitative review of the relationship between person–organization Fit and behavioral outcomes. *Journal of Vocational Behavior, 68*(3), 389–399.

Horrigan, B. (2010). *Corporate social responsibility in the 21st century – Debates, models and practices across government, law and business*. Cheltenham.

Hrebiniak, L. G. (2005). *Making strategy work – Leading effective execution and change*. Upper Saddle River.

Hüfner, K. (2003). *Anreizsysteme für Führungskräfte in multinationalen Unternehmungen – Eine Konzeptualisierung unter Berücksichtigung multinational-relevanter Einflussfaktoren* (1. Aufl.). Lohmar.

Hungenberg, H. (2011). *Strategisches Management in Unternehmen – Ziele – Prozesse – Verfahren* (6. Aufl.). Wiesbaden.

Intergovernmental Panel on Climate Change. (2011). Summary for policymakers. In C. B. Field, V. Barros, T. F. Stocker, D. Qin, D. Dokken, K. L. Ebi, M. Mastrandrea, K. J.

Mach, G.-K. Plattner, S. K. Allen, M. Tignor, & P. Midgley (Hrsg.), *Intergovernmental panel on climate change special report on managing the risks of extreme events and disasters to advance climate change adaptation.* Cambridge.

Intergovernmental Panel on Climate Change. (2012). Managing the Risks of Extreme Events and Disasters to Advance Climate Change Adaptation – Summary for Policymakers. http://www.ipcc-wg2.gov/SREX/images/uploads/SREX-SPMbrocure_FINAL.pdf. Zugegriffen: 11. Apr. 2012.

Janzen, F. (2011). Was Absolventen wollen. *Markenartikel, 8,* 32–34.

Kirchgeorg, M. (2004). Talents for Sustainability – Analyse der Arbeitgeberanforderungen und Werteprofile von Nachhaltigkeitstalenten auf empirischer Grundlage. In K.-P. Wiedmann, W. Fritz, & B. Abel (Hrsg.), *Management mit Vision und Verantwortung: Eine Herausforderung an Wissenschaft und Praxis* (1. Aufl., S. 645–663). Wiesbaden.

Kirchgeorg, M. (2009). Einführung in die Themenstellung. In K. Backhaus, M. Kirchgeorg, & H. Meffert (Hrsg.), *Dokumentationspapier Nr. 199 – Employer Branding – Professionelles Markenmanagement zur Profilierung am Arbeitsmarkt* (S. 1–2). Leipzig.

Kirchgeorg, M., & Hermann, S. (2006). Nachhaltigkeitsorientierte Unternehmensmarken und Corporate Identity – Bedeutung, Umsetzungsvoraussetzungen und Positionierungskriterien. *UmweltWirtschaftsForum, 14*(1), 22–29.

Kirsch, W. (1970). *Entscheidungsprozesse.* Wiesbaden.

Kirsch, W. (2001). *Die Führung von Unternehmen.* München.

Kirschten, U. (2010). Employer Branding im demografischen Wandel. In D. Preißing (Hrsg.), *Erfolgreiches Personalmanagement im demografischen Wandel* (S. 107–138). München.

Kleingarn, H. (1997). *Change Management – Instrumentarium zur Gestaltung und Lenkung einer lernenden Organisation.* Wiesbaden.

Kolleck, N. (2011). *Global governance, Corporate Responsibility und die diskursive Macht multinationaler Unternehmen – Freiwillige Initiativen der Wirtschaft für eine nachhaltige Entwicklung?* (1. Aufl., Nachhaltige Entwicklung, 3). Baden-Baden.

Kotter, J. P., & Heskett, J. L. (1992). *Corporate culture and performance.* New York.

Kreikebaum, H. (1995). Umweltverträgliches Mitarbeiterverhalten – Motivation durch Qualifikation und Anreize. *Personalführung, 7,* 556–558.

Kristof, A. L. (1996). Person-organization fit: An integrative review of its conceptualizations, measurement, and implications. *Personnel Psychology, 49*(1), 1–49.

Kuß, A., & Tomczak, T. (2007). *Käuferverhalten* (4. Aufl.) Stuttgart.

Langer, G. (2011). *Unternehmen und Nachhaltigkeit – Analyse und Weiterentwicklung aus der Perspektive der wissensbasierten Theorie der Unternehmung* (1. Aufl.). Wiesbaden.

La Torre Ugarte, D. de, & Hellwinckel, C. (2011). Peak oil and the necessity of transitioning to regenerative agriculture. In United Nations Conference on Trade and Development (UNCTAD) (Hrsg.), The road to Rio + 20 – For a development-led green economy (S. 46–51). New York.

Lauver, K. J., & Kristof-Brown, A. (2001). Distinguishing between employees' perceptions of person–job and person–organization fit. *Journal of Vocational Behavior, 59*(3), 454–470.

Leitschuh, H. (2008). CSR ist gut, Nachhaltig Wirtschaften ist besser. *UmweltWirtschaftsForum, 16*(1), 45–48.

Loffing, D., & Loffing, C. (2010). *Mitarbeiterbindung ist lernbar – Praxiswissen für Führungskräfte in Gesundheitsfachberufen.* Berlin.

Luthans, F. (1973). *Organizational behavior; – A modern behavioral approach to management*. New York.
Mahler, D., & Pfeiffer, P. (2010). Nachhaltigkeit und Markenentwicklung. *Markenartikel, 12/2010*, 60–62.
Martin, G., Beaumont, P., Doig, R., & Pate, J. (2005). Branding: A new performance discourse for HR? *European Management Journal, 23*(1), 76–88.
Mathissen, M. (2009). *Die Principal-Agent-Theorie – Positive und normative Aspekte für die Praxis* (1. Aufl.). Hamburg.
Meadows, D. H., Randers, J., & Meadows, D. L. (2005). *The limits to growth – The 30-year update*. London.
Meffert, H., Burmann, C., & Kirchgeorg, M. (2008). *Marketing – Grundlagen marktorientierter Unternehmensführung, 10., vollständig überarbeitete und erweiterte Auflage*. Wiesbaden.
Meinsen, S. (2003). *Konstruktivistisches Wissensmanagement – Wie Wissensarbeiter ihre Arbeit organisieren*. Weinheim.
Meyer, J. P., Hecht, T. D., Gill, H., & Toplonytsky, L. (2010). Person–organization (culture) fit and employee commitment under conditions of organizational change: A longitudinal study. *Journal of Vocational Behavior, 76*(3), 458–473.
Michaels, E., Handfield-Jones, H., & Axelrod, B. (2001). *The war for talent*. Boston.
Michel, A., Stegmaier, R., & Sonntag, K. (2010). *I scratch your back – You scratch mine. Do procedural justice and organizational identification matter for employees' cooperation during change? Journal of Change Management, 10*(1), 41–59.
Möller, U. (2003). Nachhaltigkeit: Anspruch und Wirklichkeit. „Grenzen des Wachstums" – ein Denkanstoß. In K. Feiler (Hrsg.), *Nachhaltigkeit schafft neuen Wohlstand – Bericht an den Club of Rome* (S. 19–25). Frankfurt a. M.
Moroko, L., & Uncles, M. D. (2009). Employer branding and market segmentation. *Journal of Brand Management, 17*(3), 181–196.
Mosley, R. W. (2007). Customer experience, organisational culture and the employer brand. *Brand Management, 15*(2), 123–134.
Nagel, K. (2011). Professionell agieren. *Markenartikel, 8*, 28–29.
Najam, A., & Cleveland, C. J. (2005). Energy and sustainable development at global environmental summits: An evolving agenda. In L. Hens & B. Nath (Hrsg.), *The world summit on sustainable development – The Johannesburg conference* (S. 113–134). Dordrecht.
Ng, E. S., & Burke, R. J. (2005). Person-organization fit and the war for Person-organization fit and the war for talent: Does diversity management make a difference? *International Journal of Human Resource Management, 16*(7), 1195–1210.
Nidumolu, R., Prahalad, C. K., & Rangaswami, M. R. (2009). In fünf Schritten zum nachhaltigen Unternehmen. *Harvard Business Manager 12/2009*, 50–61.
Otto, S. (2007). Bedeutung und Verwendung der Begriffe nachhaltige Entwicklung und Nachhaltigkeit – Eine empirische Studie, Jacobs University, Jacobs Center on Lifelong Learning and Institutional Development (Dissertation), Bremen. http://www.jacobs-university.de/phd/files/1185371576.pdf. Zugegriffen: 30. Jan. 2012.
Parment, A. (2012). *Generation Y in consumer and labour markets*. New York.
Pinder, C. C. (1998). *Work motivation in organizational behavior*. Upper Saddle River.
Qualman, E. (2011). *Socialnomics – How social media transforms the way we live and do business*. Hoboken.

Ritz, A., & Sinelli, P. (2010). Talent Management – Überblick und konzeptionelle Grundlagen. In A. Ritz & N. Thom (Hrsg.), *Talent Management – Talente identifizieren, Kompetenzen entwickeln, Leistungsträger erhalten* (1. Aufl., S. 3–23). Wiesbaden.

Robbins, S. P. (2008). *Organisation der Unternehmung* (9. Aufl.). München.

Rogall, H. (2011). *Grundlagen einer nachhaltigen Wirtschaftslehre – Volkswirtschaftslehre für Studierende des 21. Jahrhunderts* (1. Aufl.). Marburg.

Roiger, M. B. (2007). *Gestaltung von Anreizsystemen und Unternehmensethik – Eine norm- und wertbezogene Analyse der normativen Principal-Agent-Theorie*. Wiesbaden.

Roland Berger Strategy Consultants. (2011). *Trend compendium 2030*. München.

Rump, J., & Eilers, S. (2006). Employability im Zuge des demografischen Wandels. In J. Rump, H. Fischer, & T. Sattelberger (Hrsg.), *Employability Management – Grundlagen, Konzepte, Perspektiven* (S. 129–148). Wiesbaden.

Sachs, J. (2011). Globalization in the era of environmental crisis. In United Nations Conference on Trade and Development (UNCTAD) (Hrsg.), *The road to Rio+20 – For a development-led green economy* (S. 3–10). New York.

Sachverständigenrat für Umweltfragen. (2011). *Wege zur 100% erneuerbaren Stromversorgung (Sondergutachten)*. Berlin.

Schabracq, M. (2007). *Changing organizational culture – The change agent's guidebook*. Chichester.

Schaltegger, S., Herzig, C., Kleiber, O., Klinke, T., & Müller, J. (2007). Nachhaltigkeitsmanagement in Unternehmen – Von der Idee zur Praxis: Managementansätze zur Umsetzung von Corporate Social Responsiblity und Corporate Sustainability, 3. vollständig überarbeitete und erweiterte Auflage, herausgegeben von Bundesministerium für Umwelt, Naturschutz und Reaktorsicherheit; econsense – Forum Nachhaltige Entwicklung der Deutschen Wirtschaft e. V.; Centre for Sustainability Management (CSM) der Leuphana Universität Lüneburg, Berlin/Lüneburg.

Schein, E. H. (1984). Coming to a new awareness of organizational culture. *Sloan Management Review, 25*(2), 3–16.

Schein, E. H. (2010). *Organizational culture and leadership* (4. Aufl.). San Francisco.

Schubert, K., & Bandelow, N. C. (Hrsg.). (2003). *Lehrbuch der Politikfeldanalyse*. München.

Schubert, A., & Hauser, F. (2011). Glaubwürdig, fair, respektvoll. *Markenartikel, 8*, 26–27.

Sekiguchi, T. (2004). Toward a dynamic perspective of person-environment fit. *Osaka Keidai Ronshu, 55*(1), 177–190.

Senior, B. (2001). *Organisational change* (2. Aufl.). Harlow.

Sponheuer, B. (2010). Employer Branding als Bestandteil einer ganzheitlichen Markenführung, Innovatives Markenmanagement, Wiesbaden.

Stead, W. E., & Stead, J. G. (2004). *Sustainable strategic management*. Armonk.

Stotz, W., & Wedel, A. (2009). *Employer Branding – Mit Strategie zum bevorzugten Arbeitgeber*. München.

Strack, M. (2004). *Sozialperspektivität – Theoretische Bezüge, Forschungsmethodik und wirtschaftliche Praktikabilität eines beziehungsdiagnostischen Konstrukts*. Göttingen.

Streich, B. (2011). *Stadtplanung in der Wissensgesellschaft – Ein Handbuch* (2. Aufl.). Wiesbaden.

Stritzke, C. (2009). *Marktorientiertes Personalmanagement durch Employer Branding*. Wiesbaden.

Strödter, K. (2008). *Markencommitment bei Mitarbeitern: Bedeutung der Kongruenz von Mitarbeiter und Marke für das Markencommitment in Unternehmen*. Berlin.

The Club of Rome. (2012). New Report to the Club of Rome: 2052: A Global Forecast for the Next Forty Years. http://www.clubofrome.org/cms/wp-content/uploads/2012/04/Press-release-of-27-04-2012-2052-A-Global-Forecast-for-the-Next-Forty-Years1.pdf, 7.5.2012. Zugegriffen: 8. Mai. 2012.

The Conference of Non-Governmental Organizations in Consultative Relationship with the United Nations (CoNGO). (1987). Report of the World Commission on Environment and Development: Our Common Future. http://www.un-documents.net/wced-ocf.htm. Zugegriffen: 25. Juni. 2012.

Trommsdorff, V., & Teichert, T. (2011). *Konsumentenverhalten* (8. Aufl.). Stuttgart.

Union of Concerned Scientists. (Hrsg.). (2012). 1992 World Scientists' Warning to Humanity. http://www.ucsusa.org/about/1992-world-scientists.html. Zugegriffen: 6. Jan. 2012.

UN News Service. (2011). Warning of ‚global suicide,' Ban calls for revolution to ensure sustainable development. http://www.un.org/apps/news/story.asp?NewsID=37405&Cr=sustainable+development&Cr1=. Zugegriffen: 2. März 2011.

Urbaniec, M., & Kramer, M. (2003). Unternehmensziel und ökologische Herausforderung. In M. Kramer, M. Urbaniec, & L. Möller (Hrsg.), *Internationales Umweltmanagement – Band I: Interdisziplinäre Rahmenbedingungen einer umweltorientierten Unternehmensführung* (1. Aufl., S. 57–96). Wiesbaden.

Verquer, M. L., Beehr, T. A., & Wagner, S. H. (2003). A meta-analysis of relations between person–organization fit and work attitudes. *Journal of Vocational Behavior, 63*(3), 473–489.

Villalobos Baum, T. (2010). *Organisationales Lernen und Anreizsysteme nach dem Börsengang – Ein verhaltensorientierter Ansatz* (1. Aufl.). Lohmar.

Waldmann, J. (2004). Risiken III. Umweltzerstörung, Ressourcenknappheit, Bevölkerungswachstum und Migration. In B. Rinke & W. Woyke (Hrsg.), *Frieden und Sicherheit im 21. Jahrhundert – Eine Einführung* (S. 101–124). Opladen.

Weinrich, K. (2014). *Nachhaltigkeit im Employer Branding*. Wiesbaden: Springer Gabler.

Weßner, K. (2011). Zeigt Eure Werte! *Markenartikel, 12*(2011), 66–67.

Wilden, R., Gudergan, S., & Lings, I. (2010). Employer branding: Strategic implications for staff recruitment. *Journal of Marketing Management, 26*(1–2), 56–73.

Winn, M. I., & Kirchgeorg, M. (2005). The siesta is over: A rude awakening from sustainability myopia. In S. Sharma & J. A. Aragón-Correa (Hrsg.), *Corporate environmental strategy and competitive advantage (New perspectives in research on corporate sustainability)* (S. 232–258), Cheltenham.

Wissenschaftlicher Beirat der Bundesregierung Globale Umweltveränderungen (WBGU). (2005). *Welt im Wandel: Armutsbekämpfung durch Umweltpolitik*. Berlin.

World Business Council for Sustainable Development. (Februar 2010). Vision 2050: The new agenda for business.

World Meteorological Organization (WMO). (2011). WMO Greenhouse Gas Bulletin – The State of Greenhouse Gases in the Atmosphere – Based on Global Observations through 2010, 7. Genf.

WWF. (2010). *Living planet report 2010*. Gland.

Zenghelis, D. (2011). Trade, finance and the green economy. In United Nations Conference on Trade and Development (UNCTAD) (Hrsg.), *The road to Rio +20 – For a development-led green economy* (S. 52–59). New York.